강탈국가 이스라엘

팔레스타인 강탈의 역사

국립중앙도서관 출판예정도서목록(CIP)

강탈국가 이스라엘 : 팔레스타인 강탈의 역사 / 지은이: 존
로즈 ; 옮긴이: 이정구. -- 서울 : 책갈피, 2018
      p. ;   cm

원표제: Israel : the hijack state : America's watchdog i
n the Middle East
원저자명: John Rose
권말부록: 이스라엘과 팔레스타인 Q&A ; 이스라엘 국가는 성
경에 근거하고 있는가?
"연표: 한눈에 보는 이스라엘의 팔레스타인 탄압 100년" 수
록
영어 원작을 한국어로 번역
ISBN 978-89-7966-131-6 03910 : ₩9000

이스라엘사[一史]

918.63-KDC6
956.94-DDC23   CIP2018000138

강탈국가 이스라엘

팔레스타인 강탈의 역사

존 로즈 지음 | 이정구 옮김

책갈피

Israel: The Hijack State: America's Watchdog in the Middle East - John Rose
Published 1986 by Bookmarks Publications
ⓒ Bookmarks Publications

Korean translation edition ⓒ 2018 by Chaekgalpi Publishing Co.
Bookmarks와 협약에 따라 이 책의 한국어 판권은 책갈피 출판사에 있습니다.

강탈국가 이스라엘
팔레스타인 강탈의 역사

지은이 | 존 로즈
옮긴이 | 이정구
펴낸곳 | 도서출판 책갈피

등록 | 1992년 2월 14일(제2014-000019호)
주소 | 서울 성동구 무학봉15길 12 2층
전화 | 02) 2265-6354
팩스 | 02) 2265-6395
이메일 | bookmarx@naver.com
홈페이지 | http://chaekgalpi.com

첫 번째 찍은 날 2018년 1월 15일
네 번째 찍은 날 2023년 11월 1일

값 9,000원

ISBN 978-89-7966-131-6
잘못된 책은 바꿔 드립니다.

차례

감사의 말

이 소책자를 준비하면서 많은 이들의 도움을 받았다. 알렉스 캘리니코스, 토니 클리프, 피트 그린, 크리스 하먼, 피트 마스댄, 필 마셜, 마르얌 포야, 새비 사갈, 마이크 시몬스, 앤디 스트라우투스에게 감사의 말을 전하고 싶다. 몇몇 저자의 글은 아주 많이 인용했다. 흥미롭게도 그들은 대부분 시온주의에 반대하는 유대인들이다. 아브람 레온, 나단 레니 브레너, 노엄 촘스키도 여기에 속한다.

〈이스라엘의 거울〉은 이스라엘의 최신 소식을 영어로 번역해 격주간으로 제공한다. 그들은 자기 입으로 자신들을 가장 욕되게 한다.

2002년 판 서문

해마다 팔레스타인인들은 1948년 4월 9일 데이르 야신 마을에서 학살당한 사람들을 추모하는 집회를 연다. 당시 그 마을에서는 남녀노소 수백 명이 시온주의* 민병대에 무참히 살해당했다. 2002년 4월 요르단강 서안 지방에서 열린 추도식에 참가한 사람들은 몇 안 됐다. 통행금지령과 공습 때문에 사람들은 대부분 자기 집 밖으로 나올 수 없었다. 이스라엘 탱크와 불도저가 팔레스타인 도시의 많은 지역을 파괴했고, [팔레스타인] 남자 수천 명이 체포되고 투옥됐다. 머지않아 시온주의자들의 만행 기록이 하나 더 늘어났다. 데이르 야신 학살[1948년, 200여 명 사망], 사브라와 샤틸라 난민캠프 학살[1982년, 2000여 명 사망], 카나 학살[1996년, 100여 명 사망] 등 기존 목록에 예닌 난민캠프 학살 사건[2002년, 500여 명 사망]이 추가된 것이다.

---

* 유대인들이 팔레스타인에 자신들만의 국가를 세워야 한다는 인종차별적 사상을 말한다.

2002년 이스라엘의 공격은 전 세계에서 분노와 증오를 불러일으켰다. 또, 그것은 시온주의 국가를 지지하는 사람들 사이에서 전례 없는 위기를 조성하기도 했다. 이스라엘을 무조건 지지한 많은 사람들은 유혈 사태가 참을 수 없는 지경임을 깨닫게 됐다. 이전까지 이스라엘을 무비판적으로 지지하던 한 영국 국회의원마저 "혐오스럽"다고 부른 이번 전략에 그들은 질겁했다.[1] 일부 사람들은 이스라엘이 완전히 변했다고 주장했다. [당시 이스라엘 총리] 아리엘 샤론이 민주주의와 평화라는 이스라엘의 이상을 버렸다는 것이다. 1986년에 처음 나온 이 책은 사뭇 다른 이야기를 들려 준다. 시온주의의 배경과 역사를 설명해 주고, 이스라엘 국가가 창건 당시부터 팔레스타인인들에게 극단적인 폭력을 행사한 것을 보여 준다.

이스라엘이 거듭한 전쟁, 점령, 토지와 물 약탈, 몇 세대 동안 난민들에게 강요한 굴욕 때문에 팔레스타인인들이 고통받았다는 사실은 분명하다. 그러나 이런 고통의 뿌리는 더 깊다. 존 로즈가 보여 주듯이, 팔레스타인인들은 제국주의 체제의 피해자들이다. 그리고 이스라엘은 그 제국주의 체제에 의존해 살아간다. 처음에 시온주의 지도자들은 영국과 결탁하려 했다. 영국이 팔레스타인을 식민지로 점령했기 때문이다. 영국이 중동에서 퇴각하자 시온주의 지도자들은 미국과 관계를 발전시켰다. 그들은 전례 없이 많은 돈과 무기를 받았다. 그래서 런던보다 인구가 적은 나라가 세계 4위의 군사 강국이 될 수 있었다.

요르단강 서안 지구를 죽음의 소용돌이로 몰아넣은 것은 미국의 아파치 헬기와 F-16 전투기였고, 이스라엘 경제를 계속 떠받친 것도 미국의 원조였다. 이런 지원에는 이유가 있다. 이스라엘이 중동에서 미국의 전략적 이익에 이바지하고 무엇보다도 미국의 석유 지배력 확보를 돕기 때문이다.

이스라엘 국가를 수립한 지 겨우 3년 뒤에 이스라엘의 주요 신문은 이스라엘 국가의 운명이 서방의 '경비견'이 되는 것이라고 썼다('2장 이스라엘의 무장' 참조). 시온주의 좌파든 우파든 역대 이스라엘 정부는 모두 이 원칙을 충실하게 따랐다. 50년 동안 이스라엘 정부는 서방을 위해 두 가지 구실을 했다. 그것은 유전을 직접 위협할지도 모르는 [아랍] 국가들과 대결하고, 중동을 불안정하게 만들 수 있는 저항 운동을 억압하는 것이다. 당연히 팔레스타인인들의 저항도 그런 운동에 포함된다.

그 보답으로 미국은 다른 어떤 국가보다 이스라엘에 우호적이었다. 이스라엘 인구는 전 세계 인구의 0.001퍼센트에 불과했지만, 이스라엘은 미국 해외 원조 총액의 3분의 1 이상을 받았다. 1999년까지 미국의 대對이스라엘 원조 총액은 900억 달러 [98조 원] 이상이었다.[2]

존 로즈가 설명한 미국과 이스라엘의 관계는 계속 유지·강화했다. 이라크가 쿠웨이트 유전을 점령하고 서방이 무력으로 그 점령을 끝장낸 1990~1991년의 걸프전 기간 동안, 미국은 아랍의 '경비견' 노릇을 그 지역 어떤 정권들에도 의존할 수 없다는 사실을 분명히 깨달았다.

모든 아랍 정권들은 권위주의적이고, 부패하고, 인기가 없었다. 전쟁 당시 이 정권들은 완전히 붕괴할 뻔 했다. 사실, 미국은 그런 정권들을 오랫동안 지지했다. 그 정권들은 또한 이스라엘과 수십 년간 공생했다. 때때로 대중운동에 힘입어 더 급진적인 정부들이 집권하면 이스라엘이 개입했다. 이스라엘 신문들이 썼듯이, 아랍인들을 "혼내주기" 위해 개입한 것이다. 이 때문에 아랍 국가들은 계속 취약했고 분열해 있었다. 미국의 이익을 보증할 독자적 수단을 가진 아랍 국가는 하나도 없었다.

걸프전 당시 이스라엘은 마음대로 행동하고 싶었지만, 미국 관리들은 이스라엘의 개입이 아랍 대중을 더 자극할 것이라고 판단했다. 그래서 미국은 이라크에 직접 개입했고, 이스라엘을 기술적 군사 지원에 동원했다. 그와 동시에, 중동에서 가장 강력하고 충성스런 국가[이스라엘]에 대한 지원을 되풀이했다. 이스라엘은 걸프전 기간과 직후에 미국한테서 추가로 6억 5000만 달러를 받았다.

냉전이 끝나고 미국 관리들이 '서방의 승리'라고 부른 것이 찾아왔다. 미국 대통령 조지 부시 1세는 공산주의가 사라지고

'새로운 세계 질서'가 도래할 것이라고 말했다. 미국의 지도 아래 모든 지역이 평화와 번영을 향해 나아갈 것이라는 얘기였다. 이를 달성할 방안을 설명하는 이론이 개발됐다. 세계화론에 따르면, 모든 국가는 '시장'을 받아들여야 하고, 자본의 자유로운 이동을 허용하고, 다국적기업들의 활동을 방해해서는 안 된다. 자본주의가 모든 지역에 부富의 씨앗을 뿌리면 모든 사람들이 그 혜택을 입는다는 것이다.

중동의 국가들도 이를 받아들였다. 중동 각국의 지배자들은 워싱턴·런던·파리의 은행가들이나 기업 중역들과 이해관계가 별로 다르지 않은 자들이었다. 견해 차이가 있는 곳에서는 미국·국제통화기금IMF·세계은행이 엄청난 압력을 넣어 순응하게 만들었다.

중동의 대다수 사람들에게 그 결과는 재앙이었다. 이집트는 자유 시장 교리를 받아들인 첫 국가였다. 이집트 대통령 무바라크는 머지않아 이집트가 동아시아의 '호랑이' 경제들처럼 신흥공업국 대열에 합류할 것이라고 말했다. 그러나 '시장화' 전략은 실패했고 그 대가는 이집트 민중이 치러야 했다. 1970년대에는 인구의 23퍼센트가 빈곤층이었지만, 한 세대 만에 그 수치는 40퍼센트 이상으로 증가했다.[3]

다른 아랍인들과 마찬가지로, 점점 더 많은 이집트인들은 팔레스타인인들이 오랫동안 겪은 고통을 겪고 있다. 즉, 무無토지,

실업, 일상적 생존 투쟁이 그것이다. 이집트 지배자들의 주요 과제는 이집트 민중의 분노와 변화 염원을 통제하는 것이다. 아랍 지배자들은 아래로부터 제기되는 위협을 두려워하므로, 미국을 위해 중동의 경찰 노릇을 할 수 있는 아랍 국가가 하나도 없다. 이스라엘의 경비견 구실은 여전히 중요하다.

옛 소련에서 스탈린주의 정권이 몰락하자 서방은 중앙아시아의 자원, 특히 석유를 더 많이 입수할 수 있었다. 1990년대에는 카스피 해 연안에 있는 유전의 경제적 가치가 크다는 점이 분명해졌다. 그 곳의 자원 매장량은 북아메리카와 유럽의 자원 매장량을 합친 것과 거의 맞먹는 규모였다.[4] 미국은 그 지역 국가들과 협정을 체결하는 것이 꼭 필요했고, 이는 미국계 다국적 기업들의 이익을 위한 것이었다.

미국의 계획은 중앙아시아 유전에서 지중해를 거쳐 서방에 이르는 '동-서 회랑回廊'을 건설하는 것이었다.[5] 그러나 그 지역 전체가 매우 불안정했다. 미국에 필요한 것은 그 지역의 동맹국이었다. 즉, 카프카스 지역의 변덕스런 공화국들과 이란, 나토 내의 우방 터키보다 훨씬 더 믿을 만한 동맹국이 필요했다. 그런 조건에 부합한 나라는 이스라엘뿐이었다. 미국의 통제력에 부합하는 구실을 수행하고 싶어 안달이 난 국가가 이스라엘이었다. 페르시아만과 카스피해 연안에서 같은 거리만큼 떨어진 이스라엘은 오늘날 미국의 으뜸가는 전략적 자산이다.

이스라엘의 역사는 독특하다. 현대의 어떤 국가도 한 국민 전체를 쫓아내고 건설된 경우는 없었다. 1948년에 시온주의 민병대는 대규모 인종 청소를 자행하면서 거의 팔레스타인인 100만 명을 내쫓았다. 팔레스타인 사회에 미친 그 효과가 어찌나 컸는지, 10여 년 뒤에야 저항의 조짐이 다시 나타났다.

1960년대부터 팔레스타인인들은 수많은 투쟁을 시작했고 그때마다 이스라엘의 대규모 군사력에 부딪혔다. 또한, 팔레스타인인들은 아랍 정권들과도 종종 충돌했다. 이 책에서 분명히 보여 주듯이, 팔레스타인인들은 이스라엘에 맞서 싸우는 과정에서 아랍 지배자들과 제국주의 체제의 관계를 흔들기도 했다.

1987년에 새롭고 더 강력한 봉기(인티파다)가 가자 지구에서 시작됐다. 그 봉기에는 거의 모든 팔레스타인인들이 참가했다. 오직 막대기와 돌로 무장한 아이들이 이스라엘 탱크에 맞서 싸우며 새로운 저항의 상징이 됐다. 아랍 전역에서 대규모 연대 시위들이 각국 정권들을 위협했다. 이집트의 나일강 삼각주 도시들에서 노동자들이 파업을 벌이며 무바라크[당시 이집트 독재자]·국제통화기금·미국에 도전했다.

다시 한 번 이스라엘은 극단적인 무력을 사용했다. [당시 이스라엘 국방 장관인] 이츠하크 라빈은 이스라엘 군대에 남녀노소 가리지 말고 시위대를 철저히 분쇄하라고 명령했다(그런데도 라빈은 나중에 [총리가 되었을 때] 국제적으로 '평화 애호자'라 각광받는다). 수많은 팔레스타인인들이 투옥됐고, 거의 3년에 걸친 저항 끝에 인티파다는 결국 진압됐다.

[팔레스타인인들에 대한] 연대가 전염병처럼 번져가자 미국은 우려하기 시작했다. 그래서 평화 협상을 위한 회담을 승인했고, 결국 1994년의* 오슬로 협정으로 이어졌다. 대부분의 기성 정치인들은 이 협정에 '평화'라는 수식어를 붙인다. 오슬로 협상은 결국 팔레스타인인들에게 약간의 땅뙈기를 건네준다고 규정하는 협정으로 마무리됐다. 또한, 오슬로 협상은 50년 넘게 망명 생활을 한 300만 명의 난민 문제를 다루지도 못했다. 팔레스타인인들은 그 협정을 거부했다.

이스라엘 지배자들이 이 협정조차도 존중할 의사가 없었음을 시사하는 강력한 증거가 있다. 그 협정이 실행되는 것을 막기 위해 2000년 9월 우파 지배자 아리엘 샤론은 자기 지지자들을 이끌고 알 아크사 사원으로 행진했다. 알 아크사 사원은 예루살렘에서 가장 중요한 이슬람 성지다. 대중 시위가 시작됐고, 이는 또다시 이스라엘 군대의 극단적인 폭력에 직면했다. 알 아크사 인티파다[2차 인티파다]가 시작된 것이다.

1987년 봄에 그랬듯이, 팔레스타인 전사들이 손에 든 무기는

---

* 1993년의 오기로 보인다.

대부분 돌멩이뿐이었다. 그럼에도 이스라엘 군대는 팔레스타인 시위대를 총으로 사살했다. 2002년 4월 팔레스타인 적신월사赤新月社는[*] 1482명이 사망하고 1만 9000여 명이 다쳤다고 추산했다.[6]

인티파다가 계속되면서, 이스라엘이 팔레스타인과 협상할 의도가 없었음이 분명해졌다. [오슬로 협정의 결과로 들어선 팔레스타인 자치 정부의 수장] 야세르 아라파트는 여전히 하찮은 것이라도 얻어내려 했지만(이 때문에 많은 팔레스타인인들이 분노했다) 아무것도 얻지 못했다. 요르단강 서안 지구에서 이스라엘 정착촌 건설에 속도가 붙었고, 봉쇄와 통행금지령 때문에 팔레스타인 경제는 파탄났다. 그리고 아리엘 샤론은 예루살렘에서 도발적 행동을 한 지 여섯 달이 채 못 돼 이스라엘 총리로 선출됐다. [1982년] 사브라와 샤틸라 난민캠프의 도살자가['3장 테러 국가: 1982년 레바논 침공' 참조] 또다시 이스라엘 국가의 엄청난 자원을 통제하게 됐고, 전쟁은 이제 시간 문제일 뿐이었다.

2002년 3월 이스라엘 군대가 팔레스타인 지역들을 침공했을 때 샤론은 "테러와의 전쟁"을 선언했다. 그는 미국이 9·11 공격 배후 세력을 색출하기 위해 아프가니스탄 전쟁을 감행한 것과

---

[*] 적십자사赤十字社처럼 이슬람권에서 각종 구호나 사회복지 등 인도주의 활동을 펼치는 단체다.

꼭 마찬가지로 이스라엘은 이스라엘의 특별한 적들, 즉 자살 폭탄 공격자들을 추적·체포하기 위해 전쟁을 벌일 것이라고 말했다. 사실, 자살 폭탄 공격은 이스라엘 스스로 만들어 낸 결과였다. 그것은 시온주의 점령이 낳은 결과였다.

점령군의 지배하에서 몇 년 동안 퇴락과 굴욕을 겪은 한 세대는 자살 공격을 정치적 표현으로 여겼다. 이스라엘의 대응은 시온주의의 계획 전체를 잘 보여 주었다. 80년 동안 팔레스타인인들이 정착과 점령에 반대해 저항할 때마다 이전보다 더 강력한 군사력에 부딪혔다. 그러면 어김없이 새로운 저항이 등장했다. 2002년 4월 예닌에 대한 공격으로 미래의 팔레스타인 전사 수천 명이 더 늘었다.

[그러나] 자살 폭탄 공격은 팔레스타인의 투쟁을 발전시킬 수 없다. 자살 폭탄 공격자들의 죽음은 팔레스타인 정치 지도자들의 약점과 혼란을 잘 보여 준다. 그들의 행동은 이스라엘뿐 아니라 야세르 아라파트를 향한 비난이기도 하다. 여러 해 동안 아라파트의 전략이 쓸모없다는 점이 분명해졌다. 1960년대에 아라파트는 사우디아라비아 국왕과 협약을 맺었다. 돈과 무기를 지원받는 대가로 팔레스타인해방기구PLO는 아랍 각국의 내정에 '개입'하지 않겠다고 약속한 것이다. 그러나 팔레스타인 대중은 바로 그런 나라들에서 살고 있었고, 그들의 투쟁은 늘 아랍 각국의 국왕·족장·대통령과 충돌했다. 아라파트는 자기 자

신의 민중을 단속하는 구실을 떠맡았다.

그것은 팔레스타인 영토 안에서도 마찬가지였다. 아라파트는 자신의 정력을 대부분 팔레스타인 활동가들을 통제하고 제어하는 데 쏟았다. 2002년 전쟁 전까지 아라파트의 군대가 팔레스타인 청년들과 충돌하는 데 소모한 시간이 점령군과 충돌하는 데 소모한 시간보다 훨씬 더 많았다.

팔레스타인 전사든 인티파다 세대든 그들 자신의 힘만으로는 팔레스타인 대중의 고통을 끝장낼 수 없다. 더 근본적인 해결책이 필요하다. 존 로즈가 분명히 보여 주듯이, 여기에는 더 광범한 투쟁이 포함돼야 한다. 아라파트의 전략과는 반대로, 아랍 세계 각국의 민중을 끌어들여야 하는 것이다. 팔레스타인인들의 투쟁은 그들과 아주 많은 것을 공유하는 아랍 각국 노동자들의 투쟁과 단절돼 있었다. 그런데 아랍의 팔레스타인 연대 운동이 전례 없는 수준에 도달했다. 2002년 전쟁 기간에 이집트 정권은 이집트의 모든 주요 도시에서 시위를 억제하려고 애를 썼다. 1987년과 마찬가지로, 이런 시위들은 팔레스타인에 대한 지지를 무바라크 정권, 국제통화기금, 미국 반대와 연결시켰다.

팔레스타인을 위한 투쟁은 반反제국주의 투쟁일 수밖에 없다. 미국과 결탁한 이스라엘은 중동 전체의 권력 구조의 일부이기도 하다. 따라서 예루살렘을 위한 투쟁은 [이집트의 수도] 카이로와 아랍 세계의 다른 도시들을 거쳐야 한다. 팔레스타인인들은 무엇보다도 오랜 폭정의 결과와 세계화의 뚜렷한 효과(무無토지와 불평등, 고통 증대)를 느끼는 다른 사람들의 투쟁과 자신들의 투쟁을 연결시켜야 한다.

이스라엘이 예닌을 공격한 뒤에 미국 대통령 조지 W 부시는 아리엘 샤론의 행동에 아주 만족한다고 말하며 그를 '평화 애호자'로 묘사했다.[7] 그런 말은 우리가 모두 이스라엘이 제국주의와 맺은 끈끈한 연계를 알아야 할 까닭을 보여 준다. 팔레스타인과 아랍 세계 사회주의자들은 그런 연계를 깨뜨리기 위해 노력할 책임이 있다. 그들을 지지하는 서방 사람들의 책임은 그들의 과제를 돕는 것이다.

2002년 4월 필 마셜

1988년 판 서문

이 책이 처음 나온 뒤 지난 2년 사이에 내 주장들을 바꿔야할 만한 일은 일어나지 않았다. 오히려 이 책의 주요 결론을 확인시켜 준 일들이 있었다. 이란·콘트라 스캔들에서* 이스라엘이미국을 대신해 무기를 밀매했으며, 1930년대에 일부 시온주의지도자들이 독일 나치를 달래기 위해 기꺼이 노력한 사실이 짐앨런의 희곡 〈파멸〉에서 폭로됐고, 이스라엘 병사들이 가자 지구와 요르단강 서안 점령지에서 팔레스타인인들을 야만적으로살해하고 구타했다. 이 서문을 쓰고 있는 동안에도 팔레스타인인들은 이스라엘의 정책들에 맞서 저항하고 있다. 그것은 팔레스타인 해방과 이스라엘 문제에 대한 사회주의적 해결책, 즉 강탈 국가를 혁명적으로 타도할 필요성을 더욱 절실히 보여 준다.

---

* 미국 레이건 정부가 비밀리에 이란에 무기를 수출하고, 또 그 돈으로 니카라과 반혁명 세력인 콘트라 반군을 지원한 사건을 말한다.

1986년 판 서문: 왜 이스라엘인가?

1986년 4월 미국이 리비아를 폭격하자 유럽과 중동 전역에서 항의 시위 물결이 일었다. 영국에서 총리 마거릿 대처는 미국 대통령 로널드 레이건을 충실히 지지했지만 사람들은 미국에 분노했다. 전 세계에서 오직 한 국가만이 미국을 전폭적으로, 그리고 열렬하게 지지했다. 바로 이스라엘이었다.

[리비아] 공습은 상징적으로 엄청나게 중요했다. 폭격 직전에 유가油價가 크게 하락하자 서방은 중동 산유국과 그 의존국이 불안정해지고 그 나라 정치 위기가 커질 것을 우려했다. 또 중동산 석유를 앞으로도 계속 이용할 수 있을지 우려하기도 했다. 중동은 단연 세계에서 가장 중요한 석유 공급처기 때문이다.

또 베트남 전쟁 이후 미국이 처음으로 외국을 폭격한 사례기도 했다. 미국은 이제 '베트남 증후군'을* 떨쳐버린 것인가? 10여 년 전 베트남에서 치욕적 패배를 당한 뒤 미국은 자국의 이익

---

* 베트남 전쟁의 패배 후 미국이 직접적 군사 개입을 꺼리는 것을 말한다.

을 보호할 필요가 있더라도 직접적 군사 개입만은 피했다. 그 대신 미국중앙정보국CIA의 비밀공작이나 이란 샤[국왕]나 칠레 대통령 피노체트 같은 '지역 독재자'에 의존했다. 그러나 이런 정책은 그다지 큰 성공을 거두지 못했다. 미국중앙정보국의 비밀공작도 니카라과의 소모사 정권이 타도되는 것을 막지 못했으며, 콘트라에 대한 대규모 원조도 산디니스타의* 기반을 약화시키지 못했다. 이란 샤, 필리핀 대통령 마르코스, 아이티의 장클로드 뒤발리에 같은 보잘것없는 지역 독재자들도 민중 항쟁으로 타도됐다.

이란 샤의 몰락이 특히 쓰라렸다. 1979년 3월 미국 잡지 〈비즈니스 위크〉는 "미국 권력의 쇠퇴"라는 특별호를 발행했다. 그 잡지는 중동을 다루며 다음과 같이 강조했다. "천연자원이나 시장을 보유하지 않은 곳[베트남 — 지은이]에서 시작된 군사적 후퇴가 이제는 세계경제의 에너지 기반과 매우 중요한 석유 공급을 보호할 미국의 능력 약화로 이어지고 있다."

전 미국 국무 장관으로 대통령 닉슨의 '순회 해결사' 노릇을 한 헨리 키신저도 몇 년 전에 똑같은 점을 지적했다. "우리가 중앙아메리카를 관리하지 못하면, 페르시아만과 다른 지역에서

---

* 니카라과에서, 독재와 미국 제국주의에 반대해 혁명을 일으켜 집권한 단체를 말한다.

위협에 직면한 나라들에 우리가 세계적 균형을 관리할 수 있다는 사실을 확신시킬 수 없게 된다."

1980년에 로널드 레이건이 미국 대통령으로 선출된 것은 미군이 '세계적 균형'을 관리한다는 것과 미국의 패권을 분명히 하려는 것이었다. 그러나 레이건도 커다란 성공을 거뒀다고 말할 수는 없다. 사실, 그는 카리브해 연안의 조그만 섬나라 그레나다를 침공하는 데 성공했지만, 1983년 레바논에서 대규모 폭발 사건으로 미 해병대 250명이 사망하자 중동에 직접 군대를 보내 개입한다는 전망은 완전히 사라져 버렸다. 주간지 〈타임〉은 다음과 같이 썼다. "마감 뉴스에 미국 젊은이들이 죽어 가는 모습이 나와서는 안 된다."

그래서 레이건도 대리인 구실을 하는 정권들에 크게 의존했다. 중동에서 이스라엘이 주로 그런 구실을 했다.

이스라엘은 리비아 폭격에 열광했다. 이스라엘의 역사는 자신만이 미국의 이익을 가장 잘 보장한다는 점을 미국에 확신시키려는 노력으로 점철돼 있다. 이스라엘 언론은 폭격 공습(그리고 이스라엘의 개입)을 축하하는 기사들로 넘쳐 났다. 유력 일간지 〈하레츠〉가 보도했듯이,

이스라엘은 미국의 공격 상황을 다룬 최신 보고서를 건네받았다. … 그 보고서는 군부가 미국과 이스라엘에 동시에 제출한 것이었

다. 그 대가로 이스라엘은 … 리비아 관련 … 정보를 미국에 제공했다. 머지않아 무기 체계의 기능, 통신과 지휘 구조 등과 이번 공격의 교훈을 공동으로 연구할 것이다.[1]

또 다른 기사에서 〈하레츠〉는 이스라엘과 미국 군부의 관계가 더 깊어졌다고 지적했다.

미국은 이스라엘 상품 수입 규모를 4억 달러 수준으로 늘릴 것이다. 미국인들이 이스라엘에서 구매하는 것은 유럽 주둔 미군을 위한 재화와 서비스다. 이는 [이스라엘] 페레스 총리가 최근 미국을 방문해 미국 정부에 요청한 것에 응한 것이다.

그러나 가장 흥미로운 기사는 〈하레츠〉의 수석 정책 분석가인 요엘 마르쿠스가 쓴 "클럽 가입을 환영한다"였다. 마르쿠스는 미국이 '테러리즘'에 맞선 투쟁에 전념한다는 것을 이제 분명히 했다고 지적했다. 리비아 공습의 주요 원인이 '테러 지원' 저지였다는 것이다. 그 글은 다음과 같이 이어졌다.

갑자기 우리는 귀에 익은 소리들을 듣고 있다. 여기서 사람들은 "두 발 달린 짐승"[전 이스라엘 총리 베긴이 팔레스타인인들을 묘사한 말 — 지은이]에 대해 얘기했다. 저기 워싱턴에서도 지금 "미친 개"[리비아의 지배자 카다피]에 대해 얘기한다. 여기서 사람들은 아랍인들이 한 가지 언어만 알아듣는다고 말하는데, 저기서도 카다피가 알아듣는 유일한 언어, 즉 무력으로 카다피를 다뤘다고 얘기한다. …

그들이 가입한 클럽은 너무 배타적이어서 오랫동안 그 회원은 이스라엘뿐이었다. 그 이유는 소수 나라들만 테러리즘에 시달리기 때문이 아니라, 어떤 나라도 테러리즘에 공격적으로 대처함으로써 자기 손을 더럽히려 하지 않았기 때문이다.[2]

그래서 이스라엘과 미국은 도덕적으로도 물리적으로도 월등한 힘을 영웅적으로 과시해 세계에서 테러리즘을 제거하는 데 힘을 합칠 것이라고 그 신문은 주장했다.

세계를 상대로 패권을 천명하려는 미국의 목표에 결코 동조하지 않았을 많은 사람들이 이런 주장에 속아 넘어갔을지도 모른다. 어쨌든, 제2차세계대전 당시 유대인 600만 명이 나치에 학살당한 홀로코스트 때문에 이스라엘은 서방에서 커다란 지지를 받고 있다. 이스라엘의 '테러리즘에 맞선 투쟁'은, 독기 어린 암살자들과 피도 눈물도 없는 광신도들이 이스라엘 국가를 무자비하게 파괴하려는 것에 맞서 박해의 피해자들이 영웅적으로 투쟁하는 것처럼 묘사됐다.

그러나 이스라엘의 역사를 보면 정반대로 해석하는 것이 옳다는 것을 알 수 있다. 이스라엘 국가는 바로 테러에 기초해 건설됐다. 이스라엘 국가는 암살·살인·파괴로 팔레스타인인 약 75만 명을 쫓아내고 건설됐다. 이스라엘과 미국이 죽이고 싶어 하는 '테러리스트'는 흔히 그렇게 쫓겨난 바로 그 팔레스타인인의 아들과 딸이다.

　그동안 이스라엘은 엄청나게 국가 테러를 강화했다. 여기에 이스라엘 경제가 군사화하도록 미국이 지원하면서 이스라엘은 서방이 중동을 지배하는 무자비한 전초기지가 됐다. 이스라엘, 미국, 그리고 [이 책이 나온] 영국에서 흘러나오는 '테러리즘'에 대한 위선적 주장들은 이런 저의를 가린다.

1장
석유와 제국주의

어떻게 영국과 미국은 세계에서 가장 값싼 석유를 지배하게 됐는가

오직 영국과 이스라엘만 지지한 [1986년] 미국의 리비아 폭격 때문에 미국 제국주의와 그 동맹국들의 중동 지배라는 유령이 다시 한번 등장했다.

중동에서 제국주의는 항상 석유와 그 석유를 지배하는 자들과 관계있다. 중동산 석유에 대한 미국의 의존도가 전보다 비교적 낮아진 것은 사실이지만, 그것은 일시적 현상일 뿐이다. 2000년이 되면 미국의 에너지 수요는 또다시 막대한 중동산 석유에 의존하게 될 것이다. 왜냐하면 전 세계 미개발 매장량의 절반 이상이 여전히 중동에 묻혀 있기 때문이다. 〈타임〉(1986년 4월 14일 자)이 보도했듯이, "미국은 [중동산] 석유를 포기할 수 없다. 왜냐하면 미국은 확인된 세계 석유 매장량의 4퍼센트만

을 보유하고 있는 반면, 약 55퍼센트는 중동에 묻혀 있기 때문이다." 〈파이낸셜 타임스〉는 이 말을 세계 열강과 관련지어 다음과 같이 해석했다.

판돈이 엄청나게 크다. [중동] 지역의 안정뿐 아니라 앞으로 남은 세기 동안 서방의 이익이라는 측면에서 봐도 그렇다. 앞으로 몇 년 사이에 [중동에서] 사회적·정치적 소요가 일어나 최악의 경우 새 정권들이 들어설 수 있고 그런 정권들은 1990년대에 예상되는 중동산 석유의 새로운 중요성을 더욱 거리낌없이 이용할 것이다.[1]

서방의 "이익"과 석유 사이의 이 중요한 관계는 흔히 무시되거나 잘못 이해되고 있다. 따라서 중요한 것은 이런 관계가 20세기에 어떻게 발전했는지 추적하고 이것이 시온주의의 발전에 어떻게 반영되고 부합하는지 살펴보는 것이다.

서방 정부들은 모두 1914~1918년의 거대한 제국주의 전쟁[제1차세계대전]을 통해 석유의 중요성을 뼛속 깊이 깨달았다. 전쟁이 계속되는 동안 그들이 생존을 위해 석유에 의존해야 한다는 사실은 더욱 분명해졌다. 비행기와 탱크의 연료를 석유에 의존했을 뿐 아니라 군함과 수송선을 비롯한 모든 교통수단의 동력원이 점차 말이나 증기기관에서 석유로 바뀐 것이다. 영국 외무장관 커즌 경은 "연합군은 석유의 파도를 타고 승리의 해변에

도착했다" 하고 말했다.[2]

영국에 석유가 얼마나 중요했던지 전쟁 발발 직전에 윈스턴 처칠(당시 영국의 해외 식민지를 보호하는 책임을 맡고 있던 해군 장관)은 사기업인 앵글로페르시아석유회사(오늘날 브리티시석유회사BP)를 영국 정부가 통제해야 한다고 주장했다. 영국의 제국주의적 필요가 자유기업 윤리보다 더 중요하다고 생각한 처칠은 다음과 같이 썼다. "우리는 [석유를] 소유하든지 아니면 무슨 일이 있어도 석유 … 공급 … 의 원천을 지배해야 한다."[3]

영국 정부는 앵글로페르시아석유회사의 지분 51퍼센트를 획득했다. 당시 영국 정부는 이제 막 '석유 채굴권 협정'에 서명하고 페르시아(오늘날 이란)의 석유 채굴을 시작한 상태였다. 그 협정은 중동 지역 지배자들에게 석유의 실제 가치를 속여 빼앗은 행동을 외교적으로 치장한 것이다. 그 협정이 적용된 지역은 거의 50만 평방 마일(미국 텍사스 주보다 두 배나 넓은 지역)에 달했는데 그 대가는 현금 2만 파운드와 이윤의 16퍼센트였다. 값싼 중동산 석유의 시대가 시작된 것이다.

그 협정이 뜻한 바는 영국 해군에 공급된 석유가 양도 많았을 뿐 아니라 가격도 세계 최저 수준이었다는 것이다. 그것은 또한 앵글로페르시아석유회사가 거액의 배당금을 발표할 때마다 영국 재무부가 그 배당금의 절반을 차지한다는 뜻이기도 했다. 처칠은 이 점을 늘 자랑했다.

이란에서 석유가 발견되자 [서방 열강들은] 중동의 사막 아래 훨씬 더 많은 석유가 묻혀 있을 것이라는 사실을 깨달았다. 당시 중동의 대부분 지역은 이미 몰락하던 오스만 제국의 지배하에 있었다. 그래서 서방 열강들 사이에서는 중동 지역을 장악하기 위한 쟁탈전이 벌어졌고, 제1차세계대전에서 패배한 오스만 제국은 이미 줄어들던 영토를 영국과 프랑스가 분할하는 것을 보면서도 속수무책이었다. 《칠공주》에서* 앤써니 샘슨이 지적했듯이,

두 나라는 석유가 그들의 1차적 관심사가 아닌 것처럼 말했지만, 실제로 두 나라가 특별한 관심을 쏟고 있던 곳은 막대한 석유 자원이 묻혀 있을 것으로 추정되는 메소포타미아(머지않아 이라크가 되는)의 티그리스 강 유역에 있는 바그다드와 모술 두 지역이었다.⁴

---

* 국역:《석유를 지배하는 자들은 누구인가》, 책갈피, 2000.
"칠공주"는 일곱 개의 다국적 석유회사, 즉 미국계의 엑손·텍사코·걸프·세브런·모빌, 영국계의 브리티시석유회사, 영국·네덜란드 합작회사인 셸을 말한다. 엑손은 세계 최대의 기업이며 다른 여섯 회사도 상위 11개 대기업에 포함된다. 그 회사들은 중동 석유의 대부분을 지배하고 있다. [오늘날에는 인수합병을 거쳐 엑손모빌, 세브론, 셸, 브리티시석유회사 4개로 바뀌었다.] — 지은이

영국은 실제로 새 국가의 국경선을 획정하고 이를 이라크라고 불렀다. 이를 통해 중요한 유전 지대가 영국의 통제권 안에 포함된다는 사실을 분명히 했다. "[외무 장관] 커즌은 석유라는 더러운 말을 입 밖에 내지는 않았으나 석유 문제 때문에 전쟁까지도 불사한다는 기세였다."[5]

가장 값싸고 풍부한 석유는 아랍인들이 거주하는 사막 아래 묻혀 있었고, 대다수 아랍인들은 여전히 11세기의 전통을 고수하며 살고 있었다. 그리고 영국이 그 지역을 주로 지배하고 있었다.

미국 정부는 분개했다. 미국 역시 새로운 석유 공급원이 절실히 필요했다. 미국은 제1차세계대전 당시 영국의 가장 든든한 동맹국이었음을 내세우며 자국의 석유 회사들도 이라크의 석유라는 노다지를 캐는 데 참여해야 한다고 주장했다. 영국 정부는 이에 반대할 수 없었다. 흥미로운 점은, 걸핏하면 독자적 개척 정신을 들먹이는 미국의 주요 석유 회사들이 미국 정부 손에 이끌려 중동으로 들어갔다는 사실이다. 주로 미국과 영국의 석유 회사들로 이루어진 새로운 컨소시엄이 결성됐다. 이라크석유회사라는 이 회사는 이후 중동에서 활동하게 될 모든 석유 회사의 '본보기'가 됐다.

이것은 영국이 그리고 점점 더 미국이 중동의 석유를 지배하는 데서 전환점이었다. 1928년 적선赤線협정이 체결됐다. 이 놀라운 협정으로 옛 오스만 제국의 모든 지역에 대한 석유 채굴권이 이라크석유회사로 넘어갔다. 다른 회사들은 완전히 배제됐다. 옛 오스만 제국의 영토를 정확히 아는 사람이 아무도 없었기 때문에 지도 위에 붉은 선을 그어 간단히 해결했다. 이후 석유가 생산될 모든 지역(이란과 쿠웨이트는 제외)이 포함됐는데, 터키에서 오늘날의 요르단·시리아·이라크를 거쳐 사우디아라비아 남단까지 이르렀다.

영국의 통제를 받는 이라크(1932년까지 영국 제국의 일부였다)의 새 꼭두각시 정권이 '자국' 영토로 석유 때문에 몰려드는 이들을 '허가'한 대가로 받은 것은 석유 1톤당 '금화 4실링'이었다. 이것이 엄청난 초과이윤이라는 점은 미국의 주요 석유회사 중 하나인 엑손[오늘날 엑손모빌]의 보고서를 봐도 알 수 있다. 1934년부터 1939년까지 엑손은 석유 1배럴당 52센트의 이윤을 남겼는데, 이는 엑손이 이라크 정부에 지급한 것보다 두 배나 많은 액수였다. 1932년에 엑손이 이라크에 투자한 금액은 1400만 달러였지만, 1937년에 엑손은 1억 3000만 달러 상당의 이라크석유회사 지분을 보유하고 있었다.

머지않아 값싼 석유가 사막의 왕국 사우디아라비아에서 훨씬 더 많이 흘러나왔다. 그것은 1945년 미국 국무부 보고서가 묘사했듯이 "전략적 힘의 엄청난 원천이자 세계 역사상 가장 커다란 물질적 보상 가운데 하나"였다.[6]

제2차세계대전이 끝난 1945년에 이것은 미국 정부에 특별한 문제였다. 오랜 보수적 환경에서 자란 사우디아라비아의 국왕들은 이미 영업을 시작한 미국 석유 회사들에 빌붙어 안락한 생활을 누리는 데 만족하고 있었다. 그러나 동시에 그들은 이스라엘 국가에 지극히 적대적이었다. 1948년에 등장한 이스라엘 국가는 미국의 철저한 지원을 받고 있었다. 미국은 사우디아라비아의 석유에 영향력을 더 키우고 강화함과 동시에 이스라엘도 지원하기로 결정했다. 그들은 이 딜레마의 간단한 해결책을 고안했다.

자국의 주요 석유 회사들을 사우디아라비아로 몰아넣은 미국 정부는 그들이 사우디아라비아 정부와 독자적 관계를 추구하도록 내버려뒀다. 그래서 아람코, 즉 아라비아아메리카석유회사(미국 석유 회사 세 개와 영국 석유 회사 한 개가 지배하는 컨소시엄)가 "아랍에 우호적인" 태도를 취하더라도 그들이 "자유롭게" 활동하도록 의도적으로 방치했다.

이런 전략, 그리고 이스라엘과 미국의 관계는 최근 기밀 해제된 미국 국무부 문서들을 보면 분명히 알 수 있다. "특히 이스라엘의 발전 초기에 이런 정체성 분리 정책은 명백한 이점이 있었다."[7]

사우디아라비아 국왕을 더한층 안심시킨 것은 아람코가 워싱턴에 있는 미국 정부가 아니라 자신에게 세금을 내겠다고 약조한 협정이었다. 후에 밝혀졌듯이(몇 년 동안 비밀이었다) '황금의 요술'이라 이름 붙은 이 협정 때문에 미국 재무부는 수백만 달러를 날려야 했지만 미국의 이스라엘 지원을 사우디아라비아가 반대하지 못하도록 회유하는 효과적인 방법으로 여겨졌다.

제2차세계대전 뒤에 미국은 영국을 제치고 세계를 지배하는 제국주의 열강으로 떠올랐다. 영국을 대신해 미국이 석유를 소유하고 그 공급을 지배하게 됐다. 동시에 영국의 팔레스타인 위임 통치가 붕괴하자 미국은 이스라엘의 주요 후원자가 됐다.

석유 지배권의 전환기는 이란에서 시작됐다. 1951년에 전투적인 민족주의자 모사데크 박사가 정권을 잡고 브리티시석유회사의 유전을 국유화했다. 영국 정부는 분노했지만 군사 개입은 신중했다. 영국은 국유화된 이란 석유를 보이콧하자고 제안했고, 미국 정부와 석유 회사들은 이에 동의했다. 한편 미국중앙정보국은 쿠데타를 준비했고, 결국 1953년 모사데크를 타도하고 샤로 교체했다. 다시 한번 미국 정부는 주저하는 [자국의] 석유 회사들을 윽박질러(훨씬 약해진 브리티시석유회사와 함께) 투자에 나서게 만들었고 서방을 위해 이란의 석유를 다시 지배하게 했다.

따라서 세 번에 걸쳐 (1928년 이라크, 1948년 사우디아라비아, 1953년 이란) 미국의 거대 석유 회사들은 결정적 순간에 자국 정부의 주도 아래 석유를 차지했다.

이 새로운 질서가 영국에 그리 나쁘지만은 않았다는 것은 분명하다. 1956년에 영국이 총 해외 투자에서 얻은 소득의 절반 이상을 브리티시석유회사와 영국·네덜란드 합작회사인 셸이 차지한 것으로 추산된다.

그 해에 이집트 지도자 나세르가 수에즈 운하를 국유화하자 영국이 비록 제국의 황혼기였음에도 프랑스와 이스라엘의 지원을 받아 이집트를 폭격하고 침공해 수에즈 운하와 북부 도시 포트사이드를 장악하려는 모험을 감행한 것은 이처럼 석유가 다시 중요해졌기 때문이라고 설명할 수 있다. 수에즈 운하를 통과하는 물량의 3분의 2가 석유였다. 영국의 역사가 휴 토머스는 수에즈 운하에 대해 다음과 같이 썼다. "처칠이 영국 해군으로 하여금 석유를 사용하도록 변경한 1911년 이후 영국 정치인들은 석유 공급에 대해 거세 공포증 비슷한 감정을 느끼고 있었던 듯하다."[8]

50년 동안 영국, 미국, 나머지 서방 세계와 일본으로 값싼 석유가 흘러들어 왔다. "칠공주"는 엄청난 이윤을 남겼고 더 소규모 석유 회사들도 많은 돈을 벌었다. "칠공주"는 그들의 이윤을 철저히 숨겨 왔지만, 1970년 미국 상무부 추산에 따르면 중동의 석유 산업의 순자산 규모는 15억 달러에 이르고 이윤은 12억 달러나 된다. 수익률이 79퍼센트였던 것이다. 이것은 다른 제3세계 나

라들의 제련업과 광업의 수익률이 겨우 13.5퍼센트였던 것과 비교된다.[9]

한편, 대략 1억 명으로 추산되는 중동 민중의 압도 다수는 계속 비참한 빈곤에 시달렸다. 수백 년 동안 외세가 번갈아 가며 그들을 억압했다. 그런데 이제 그들의 사막에서 문자 그대로 상상할 수 없는 부가 쏟아져 나왔지만, 그들의 지배자들은 그저 자기 배만 불릴 뿐이었고 외세가 그들의 자원을 이용하도록 계속 허용했다. 게다가 처음에는 영국이, 그 뒤에는 미국이 중동 한복판에 이질적인 고립국 이스라엘을 세워 놓았다. 이스라엘은 거의 100만 명에 달하는 아랍인들을 고향 땅 팔레스타인에서 내쫓았을 뿐 아니라 미국의 지원 아래 중동의 병영兵營 노릇을 하고 있었다. 이 때문에 1948년[제1차 중동전쟁], 1956년[제2차 중동전쟁], 1967년[제3차 중동전쟁]에 전쟁이 일어났다.

1973년에 이런 구도를 뒤집을 것처럼 보인 사건이 일어났다. 1960년대에 석유수출국기구OPEC라는 카르텔을 결성한 산유국들이 서방에 유가 인상(석유 판매 수익을 자국 발전에 사용하기 위해)과 이스라엘 제어를 요구했다. 석유수출국기구는 서방에 대한 석유 공급을 중단하겠다고 위협했다. 이 요구가 무시당하자 그들은 석유 판매 중단을 실행에 옮겼다.

서방 제국주의에 대항하는 전략으로 석유 판매 중단을 가장 강력하게 주창한 사람은 리비아의 지배자 카다피였다. 이것은 왜 서방이 그를 그토록 미워하는지 부분적으로 설명해 준다. 카다피는 1969년 리비아 국왕 이드리스를 타도했고 이듬해 첫 번째 유가 인상의 방아쇠를 당겼다. 그는 영리하게도 독립적인 석유 회사들과 "칠공주"를 서로 싸우게 만들어 득을 봤다. "칠공주"에 리비아 석유 공급을 중단하겠다고 위협한 것이다. 앤써니 샘슨이 썼듯이,

> '리비아의 야만인'은 "칠공주"의 신비감을 제거했고 석유수출국기구의 자신감을 완전히 회복시켰다.[10]

그러나 석유 판매 중단이 성공할 수 있었던 것은 가장 급진적인 산유국들과 가장 반동적인 산유국들(가장 중요하고 가장 친미적인 두 나라, 즉 사우디아라비아와 [혁명 전] 이란을 포함해서)이 일시적으로 단결했기 때문이었다.

이것은 분명히 서방의 중동 석유 지배에 대한 가장 심각한 도전이었다. 게다가 그 시기가 전 세계적인 경기 침체의 시작과 일치했기 때문에 그 충격은 더 컸다. 게다가 미국은 여전히 베트남전 패배 후유증에서 벗어나지 못했고, 워싱턴은 워터게이트 추문에 시달리고 있었다.

더욱이 유가 인상과 이스라엘 제어라는 두 가지 요구를 결합시킴으로써, 미국이 값싼 석유를 이용하는 것과 이스라엘을 지

원하는 것 사이에 연관이 있음을 극적으로 보여 주었다. 심지어 석유 회사들조차도 미국 신문에 중동 문제의 해결을 호소하는 전면 광고를 게재하며 이스라엘 지원을 중단하라고 워싱턴에 탄원할 정도였다.

미국 정부의 양면 전략(미국 석유 회사들이 아랍에 우호적인 태도를 취하도록 허용하거나 권장하는 한편 정부 자신은 친親 이스라엘 외교 정책을 유지하는 것)이 붕괴할 위험에 처했다. 당시 미국 대통령 닉슨은 석유 회사들이 내세운 후보나 다름없었다. "칠공주"는 공화당에 거액의 정치 자금을 기부했다. 워터게이트 사건 당시에도 거액의 '불법' 자금을 제공했다. 1972년 대통령 선거 때 석유 회사들이 닉슨에게 제공한 정치 자금은 적어도 270만 달러에 이른 것으로 추산된다.[11] 그 덕분에 닉슨은 자신이 미국의 유대인 유권자들에게 빚진 것이 전혀 없는 미국 대통령이라는 점을 석유업계 인사들에게 자랑하고 다녔다.[12] (미국이 이스라엘을 지원하는 것이 미국 내 유대인 때문이라는 주장은 오래 전부터 제기된 잘못된 주장이다.)

그러나 1973년 이스라엘·아랍 전쟁[제4차 중동전쟁]이 터지고 석유 판매가 중단된 결정적 시기에 닉슨과 그의 참모 헨리 키신저는 석유 회사와 석유수출국기구 내 친미 국가를 모두 무시했다. 즉, 이스라엘이냐 석유냐 하는 결정적 순간에 미국은 이스라엘을 선택한 것이다.

실제로 미국은 전혀 주저하지 않았다. 나중에 키신저 자신이 다음과 같이 분명히 밝혔듯이, 석유수출국기구의 위협과 1973년 전쟁 때문에 이스라엘을 지원하는 것이 오히려 더 긴요해졌다.

미국은 [전쟁 개시] 첫째주 후반에 무기를 지원함으로써 이스라엘을 패배의 위험에서 구해냈다. … 1973년 전쟁을 교착 상태로 끌고 가는 것이 미국의 전략이었다고 주장한 사람들도 있었지만 이는 완전히 잘못된 생각이다. 우리가 원했던 것은 아랍 국가들을 최대한 크게 패배시키는 것이었다.[13]

군사적 패배로 아랍 국가들을 심각하게 약화시킬 뿐 아니라 석유수출국기구도 약화시킬 수 있었다. 키신저는 또 다음과 같이 주장했다.

1973년 [전쟁] 당시 우리의 전략은 무엇이었는가? 첫째, 우리는 아랍의 공동전선을 파괴하려 했다.

그리고 정확히 이런 일이 벌어졌다. 서방은 네 곱절로 뛴 유가에 적응하며 사는 법을 배우게 됐다. 그것은 석유 회사들도 마찬가지였다. 엑손의 1973년 3사분기 이윤은 전년보다 80퍼센트나 늘어났다. [석유회사] 걸프의 이윤은 91퍼센트 늘었다. 엑손의 그 해 전체 이윤은 어느 시대, 어느 나라, 어느 기업도 기록하지 못한 미증유의 기록이었음이 밝혀졌다. 25억 달러나 됐던 것이다.[14]

1973년 전쟁과 석유 판매 중단이 끝난 뒤에 미국은 중동에서 주도력을 회복했다. 첫째, 사우디아라비아와 이란의 샤 둘 다 새로 벌어들인 오일달러로 미국의 무기를 사겠다고 간청했다. 미국은 기꺼이 이를 승낙했다. 1974년 이란 샤는 미국의 군사 장비를 구입하는 데 자그마치 40억 달러나 썼다. 둘째, 키신저는 중동 '평화 협상'을 재개했다. 이것은 아랍 공동전선에서 이집트를 완전히 이탈하게 만들고 이집트와 이스라엘의 '평화' 협정인 캠프 데이비드 협정으로 가는 길을 닦아 아랍의 공동전선 붕괴라는 목표를 더한층 진전시켰다.

따라서 미국·이스라엘 군사동맹은 중동에서 석유 위기가 최고조에 달했을 때 미국의 힘(비록 석유수출국기구 때문에 약해지긴 했지만)을 지켜낸 보증수표였다. 1970년대 말 이란 샤의 몰락 이후 이 동맹은 미국에 훨씬 더 중요해졌다.

1986년 초에 유가는 폭락했다. 역설이게도, 미국 정부는 석유수출국기구의 약화를 환호하기는커녕 등골이 오싹해졌다. 산유국들과 산유국들에 의존해 막대한 수익을 얻는 석유 회사들 모두 혼란이 곧 닥칠까 봐 두려워한 것이다. 미국 국무 장관 조지 슐츠는 페르시아만에서 이주 노동자 수만 명(주로 이집트·팔레스타인·파키스탄 노동자들이 석유 수입 감소 때문에 해고당했다)이 대거 빠져나가는 것을 보면서, 그리고 이 때문에 그들의 모국이 지나친 부담 때문에 "정치 불안에 휘말릴" 수 있다는 점에 대해 다음과 같이 말했다.

심각한 경제적 곤궁에 처한 나라들이 정치적 불안정에 더 취약하며, 사람들의 시선을 국내에서 딴 데로 돌리기 위해 전쟁과 대결을 선동하는 데마고그들의* 아주 단순한 호소에도 더 취약하다는 점은 미국이 배운 역사의 교훈이다.[15]

적절하게도, 슐츠는 이스라엘 총리 시몬 페레스를 축하하는 오찬장에서 이렇게 말했다. 그는 중동에 있는 미국의 군사적 경비견, 즉 이스라엘의 결정적 중요성이야말로 미국의 역대 정부들이 배운 역사의 교훈이었다고 덧붙였을지도 모른다.

---

* 허위 사실을 유포해 대중을 선동하는 연설가를 말한다.

2장
이스라엘의 무장

1948~1986년 이스라엘의 무장

이스라엘은 레바논을 침공한 1982년에 세계 3위의 군사 강국이라고 자랑했다.[1]

그것은 이스라엘의 과대망상이었을까? 그랬을지도 모른다. 그러나 그 해에 저명한 국제전략문제연구소ISS는 이스라엘의 군사력을 미국·소련·중국에 이어 세계 4위로 평가했다.[2] 분명히 군국주의는 이스라엘 사회의 주춧돌이 됐다. 이미 오래 전에 이스라엘의 주요 수출품이 오렌지와 포도에서 무기로 바뀌었다.

그러나 요점은, 의심의 여지없는 이스라엘의 군사적 능력을 미국 군사력의 확장으로 이해해야만 의미가 있다는 것이다. 1982년에 공개적으로 입수 가능한 수치를 보면, 미국의 대 이스라엘 원조는 이스라엘 국민 1인당 1000달러였으며 이는 세계

최고 수준이었다. 게다가 그해 미국 의회에 제출된 보고서는 원
조 금액이 60퍼센트 더 많았음을 시사한다.[3] 그러나 공개된 수
치만 보더라도 엄청난 것이다. 1978년부터 1982년까지 이스라
엘은 미국 국방부 해외 원조의 48퍼센트, 미국 경제 원조 총액
의 35퍼센트를 받았다. 1983년에 레이건은 미국의 원조 예산 총
액 81억 달러 중 25억 달러를 이스라엘에 제공하자고 제안했다.
더욱이 세금이 공제되는 미국 기업과 시민의 '자선' 기부는 물
론, 차관 제공이나 특별 할인 가격에 의한 무기 공급도 일상적
인 패턴이었다.

그리고 이것은 이스라엘이 레바논을 침공하기 전의 일이었다.
레바논 침공 이후 미국의 [이스라엘] 원조 예산은 세 곱절 늘어났다. 〈예
루살렘 포스트〉가 보도한 수치를 보면 분명히 알 수 있다.[4]

미국의 이스라엘 원조 총액(단위: 100만 달러)

	1981년	1982년	1983년	1984년	1985년
미상환 대출 공제	685	770	930	1,040	1,210
순교부금	740	490	690	1,230	2,705
교부금 총액	1,425	1,260	1,620	2,270	3,915

로널드 레이건은 1980년 첫 대통령 선거에서 이긴 뒤 기자회
견에서 미국 정부가 이스라엘에 집착하는 이유를 다음과 같이
설명했다.

이스라엘은 "전투 준비를 끝냈으며 … 중동에서 전투 경험이 풍부한 군사 강국이므로 우리에게 정말로 이로운 존재다. 강력한 군사력을 갖춘 이스라엘이 없었다면 우리가 직접 나서야 했을 것이다."[5]

그러나 미국의 원조가 없다면 이스라엘은 아무것도 아니다. 이스라엘 경제는 엄청난 곤경에 처해 있다. 미국 달러가 빠져나간다면, 이스라엘 국가는 결코 살아남지 못할 것이다. 이스라엘이 막강한 군사력을 자랑했던 바로 그 해에 국제 은행들은 경제 불안 가능성과 외채 의존도가 높은 114개국의 순서를 매긴 보고서를 발행했다. 거기서 이스라엘보다 더 불안정한 나라는 22개뿐이었다.[6] 이스라엘은 앙골라·아이티·엘살바도르와 같은 부류에 속했지만, 한 가지 차이가 있었다. 이스라엘 국민들은 '제3세계' 나라의 생활 수준이 아니라 서방의 생활 수준을 기대한다는 것이다.

미국의 원조가 계속되는 한 이스라엘은 중동에서 미국의 군사적 부하 노릇을 계속할 것이다. 그렇다면 이런 군사적 연계는 어떻게 해서 맺어졌을까?

미국이 리비아를 폭격한 1986년 4월 〈예루살렘 포스트〉는 다음과 같이 논평했다.

수 년에 걸쳐 미국은 중동에서 [이스라엘을 제외한] 이른바 전략적 자산들이 모두 일시적일 뿐이라는 사실을 깨달았다. 리비아 국왕 이드리스부터 이란과 에티오피아, 심지어 미적지근한 그리스의 현 정권들 모두 그랬다.[7]

그리스를 언급한 것은 적절하다. 제2차세계대전 직후 그 지역에 대한 미국의 전략은 그리스에서 반란을 일으킨 좌파를 패퇴시키는 데 집중돼 있었다. 1947년 3월 미국 대통령 트루먼은 나중에 '트루먼 독트린'으로 알려지게 되는 것을 발표하면서, 그리스가 반군의 수중에 떨어지면 "혼란과 무질서가 중동 전역으로 확산될 것"임을 확인하기 위해서는 [그 지역의] "지도를 한번 보는 것만으로도 충분하다"고 말했다.[8]

이듬해 나온 미국중앙정보국 보고서는 그리스에서 좌파가 승리하면 미국은 "(세계 석유 매장량의 40퍼센트를 보유하고 있는) 중동의 석유 자원을 잃을" 수도 있다고 경고했다.[9] 미국중앙정보국은 그 지역에서 미국의 이익을 보장해 줄 군사동맹의 필요성을 예견했다.

이스라엘은 그런 동맹에서 결정적 구실을 하기 위해 필사적이었다. 1951년 모사데크가 이란의 석유를 국유화한 바로 그 해에 이스라엘의 유력 일간지 〈하레츠〉는 이스라엘이 미국과 영국의 이익을 수호하는 경비견 구실을 자세히 설명했다.

중동의 봉건 정권들은 민족주의 운동들에 양보를 해야 했기 때문에 … 그들의 천연자원과 군사기지를 미국과 영국에 제공하는 것을 점차 달가워하지 않게 됐다. … 이스라엘의 힘을 강화하는 것은 서방 열강들이 중동에서 … 안정을 유지하는 데 도움이 된다. 이스라엘은 경비견이 돼야 한다. 아랍 국가가 미국과 영국의 희망을 분명히 거스른다면 이스라엘은 그런 아랍 국가에 대한 공세 정책을 도맡게 될 것이다. 그리고 참을 수 없을 만큼 버릇없게 구는 일부 아랍 국가들을 서방 열강들이 어떤 이유 때문에 가끔 외면해야 한다면, 이스라엘을 이용해 그런 국가들을 혼내줄 수 있을 것이다.[10]

이것은, 아랍 민족주의 운동이 아랍 국가의 정권을 장악해 한편으로는 미국이나 영국의 석유 회사들을 국유화하고 다른 한편으로는 서방에 대한 아랍 민중의 적대감을 선동하는 것을 분쇄하자는 노골적인 제안이었다. 당시 미국과 이스라엘 사이의 정확한 군사적 연계는 철저하게 비밀에 싸여 있었다. 그러나 1958년 미국 국가안전보장회의NSC의 어떤 비망록은 급진 아랍 민족주의를 반대하는 것의 "논리적 귀결은 중동에서 유일한 친서방 강국인 이스라엘을 지원하는 것"이라고 지적했다.[11] 한편, 1950년대 중반에 이스라엘은 에티오피아·터키·이란 등 그 지역에서 가장 사악한 우파 독재 정권들과 조약을 체결했다. 이스라엘의 초대 총리 벤 구리온의 전기 작가는 당시 미국 국무 장관 존 포스터 덜레스가 이 '주변 조약'을* 권장했다고 회상했다.[12]

새로운 경비견은 이빨을 드러낼 때까지 거의 기다릴 필요가 없었다. 중동에서 가장 유명한 아랍 민족주의 지도자 가말 압델 나세르(1952년 이집트에서 권력을 장악했다)가 1956년 수에즈 운하를 국유화하자 이스라엘이 이집트의 시나이 반도와 가자 지구를 침공했고 영국과 프랑스의 비행기들이 이집트 본토를 폭격했다. 그때 미국은 사태가 불리해질 수 있다고 보고 이스라엘을 제지했다.

1967년 이스라엘과 이웃 아랍 나라들 간의 전쟁[제3차 중동전쟁]을 계기로 미국은 이스라엘이 완전히 믿을 만한 우방임을 분명히 확인했다. 그 전쟁의 주요 목표가 아랍 민족주의를 확실하게 굴복시키는 것이었음은 의심의 여지가 없다. 아랍 민족주의 선두 주자인 이집트 나세르 정권을 굴복시킨 것은 가장 빛나는 전과였다. 이스라엘이 거둔 두 번째 전과는 요르단강 서안 지방을 포함한 막대한 영토를 새로 장악한 것이다. 미국은 국무부 비망록에서 이스라엘의 구실을 높이 평가한다는 점을 분명히 했다.

---

* 1950년대에 아랍 국가들의 반反이스라엘 정책에 대응해 이스라엘이 비非아랍권 국가들과 동맹을 맺은 '주변 전략'의 일환을 말한다.

중동에서 이스라엘은 전 세계 그 어떤 동맹국·우방보다도 미국을 위해 더 많은 일을 해냈다. 제2차세계대전 이래로 [미국이] 투자한 돈과 노력에 비춰볼 때 분명히 그랬다. 베트남 전쟁 때 우리는 극동[아시아]에서 우리를 도와줄 우방을 거의 얻을 수 없었다. 여기 [중동]서 이스라엘인들은 혼자 힘으로 전쟁에서 승리했고, 우리를 곤경에서 구했으며 그들의 이익뿐 아니라 우리의 이익도 도모했다.[13]

이 맥락에서 베트남 전쟁 때 미국의 고립감을 언급한 것은 흥미롭다. 1967년 전쟁 당시 이스라엘군 사령관이었던 모세 다얀은 그 후 미군의 초청으로 베트남을 방문한 바 있다. 그는 거기서 미국 제국주의가 새롭게 공격에 나서는 것을 보고 깊은 감명을 받았다. 그는 미국의 전략이 이스라엘의 전략과 똑같다고 지적하면서 1982년 레바논 침공을 예견했다.

미국과 이스라엘은 보복 행동을 말할 때 거의 동일한 언어를 사용한다. 그 공식은, [누군가가] 적을 지원하려 하면 그 비용이 … 너무 커서 아무도 그 비용을 감당할 수 없게 만든다는 것이다.[14]

1967년 [제3차 중동전쟁] 이후 미국은 팬텀 전투기를 비롯해서 엄청나게 많은 정교한 무기들을 이스라엘에 제공했다. 전후 4년 동안 이스라엘은 미국한테서 15억 달러 상당의 무기를 받았다. 이는 그 전 20년 동안 받은 것보다 열 곱절이나 많은 액수였다. 물론, 이 기간은 석유수출국기구의 힘이 성장한 시기(특히 1969년 리비아에서 카다피가 권력을 잡은 이후)와 일치한다.

이스라엘이 미국의 군사원조에 의존했으므로 미국은 이스라엘을 이용해 새로운 무기들을 '실험'할 수 있었다. 1982년 레바논 전쟁 직후 〈워싱턴 포스트〉는 장문의 기사에서 이제 레이건 정부에서 활동하는 가장 강력한 친親이스라엘 압력 집단은 미 국방부와 무기 제조업체들이라고 주장했다. 레이건은 레바논에서 벌어지는 무의미한 인명 살상에 반대하는 전 세계의 항의 때문에 이스라엘에 사소한 제재라도 가해야 한다는 압력을 받고 있었다. 그러나 미 군부는 그런 항의와 압력에 끝까지 저항했다. 〈워싱턴 포스트〉가 조사한 결과를 보면, 미 국방부는 미국산 무기의 성능에 관한 자세한 정보를 이스라엘한테서 받았고, 그 무기의 일부는 미군이 전투에서 결코 사용한 적이 없는 것들이었다.

그 기사는 레바논 전쟁 초기에 사용된 호크아이 E2C 전자 정찰기와, 1981년 이스라엘이 이라크 원자로 공습 때 처음으로 군사 공격에 사용된 F-15와 F-16 전투기의 효과를 인용하고 있다.

게다가, 이스라엘 총리 베긴은 이스라엘이 미국을 대신해 만든 비밀 무기들을 실험하고 있다고 자랑했다. 그는 미국의 청중에게 그런 무기 덕분에 이스라엘 전투기들이 단 한 대의 손실도 입지 않고 러시아산 [지대공 미사일] 샘-6와 샘-8로 무장한 시리아의 미사일 포대 23개를 완파했다고 말했다.[15]

이스라엘은 또 그 자신이 세계에서 가장 잔혹한 몇몇 독재 정권들을 직접 무장시킴으로써 미국을 지원했다. 미국이 차마 직접 무기를 제공할 수 없을 만큼 악독한 정권들이었다. 그런 정권들 중에는 옛 나치 인사들을 숨겨준 것으로 알려진 남아메리카 정권들이나 제2차세계대전 당시 공공연하게 나치를 편든 남아프리카공화국 국민당 정권도 포함돼 있었다.

1976년 남아프리카공화국 총리 존 포르스테르는 일주일 동안 이스라엘을 방문했다. 포르스테르는 제2차세계대전 당시 나치 혐의로 구금된 적이 있었다. 그보다 10년 전에 이스라엘은 악명 높은 나치 전범戰犯 아돌프 아이히만을 처형했고, 이스라엘의 비밀경찰은 옛 나치들을 색출해 체포할 능력을 자랑했다. 그런데 이제 이스라엘 정부는 나치 전력을 가진 인물을 귀빈으로 공공연하게 환영했다.

포르스테르가 이스라엘을 방문한 것은 두 나라 방위산업체들 간의 유대를 강화하기 위해서였다. 그는 이스라엘 방문 도중 전폭기를 대거 구입했다. 그보다 2년 전에 남아프리카공화국은 이스라엘한테서 가브리엘 지대지 미사일들을 구입한 적이 있었다. 이것은 [1982년 영국과 아르헨티나 사이에 벌어진] 포클랜드 전쟁 당시 아르헨티나가 사용한 프랑스산 엑조세 미사일과 비슷했다. 1978년 유엔은 남아프리카공화국에 대한 무기 판매를 금지했지만, 이스라엘은 이를 번번이 어겼다. 1980년까지 이스라엘 무기 수출의 35퍼센트는 남아프리카공화국으로 수출한 것이었다. 1982년 남아프리카공화국 군수업계 지도부가 말했듯이, 이스라엘의 "기술 지원 덕분에 남아프리카공화국은 인종차별 정책 때문에 받은 무기 수입 제재를 무력화할 수 있었다."[16]

1979년 TV 다큐멘터리 프로그램 〈월드 인 액션〉은 남아프리카공화국에서 실시한 핵폭발 실험을 상세하게 보도하면서 그 실험에서 사용된 핵탄두가 이스라엘과 남아프리카공화국이 공동 개발한 것이라고 주장했다.[17]

미국을 위해 이스라엘은 로디지아[오늘날 짐바브웨]의 불법적인 인종차별주의 백인 정권이 몰락하기 전까지, 그 정권과 무역을 금지하는 조처도 어겼다. 1982년 미국 신문 〈보스턴 글로브〉는 다음과 같이 보도했다. "로디지아 정권이 게릴라들과 격렬한 전쟁을 벌이고 있을 때 이스라엘은 그 정권에 대한 무역 제재 조처에도 불구하고 미국산 헬기와 예비 부품 등을 로디지아에 넘겨줬다고 상무부는 밝혔다."

또, 중앙아메리카의 흉악한 정권들과 이스라엘의 관계도 소름끼치는 것이다. 레바논 침공 직후에 이스라엘 국방 장관 아리엘 샤론은 온두라스를 방문했다. 온두라스는 미국이 니카라과에서 [혁명으로 집권한] 산디니스타 정부를 전복하기 위해 작전을 펼치는 근거지였다. 이스라엘 라디오는 온두라스가 중앙아메리카에서 가장 강력한 공군을 확보할 수 있도록 이스라엘이 도와줬다고 보도하면서 "샤론의 방문은 이스라엘이 온두라스에서 미국의 대리인 노릇을 하는 것 아닌가 하는 문제를 제기했다"고 지적했다.[18]

당연히 이스라엘은 바로 그 노릇을 하고 있었다. 이스라엘 정부의 경제 조정 장관 야코브 메리도르가 말했듯이, 미국이 정치적 고려 때문에 군사 지원을 할 수 없을 때마다 이스라엘은 미국의 대리인 노릇을 할 준비가 돼 있었다.[19] 이스라엘 군사 고문단은 온두라스 조종사들의 현장 훈련을 지도했다. 이스라엘과 온두라스가 체결한 새 협정 내용 중에는 정교한 제트 전투기, 탱크, 갈릴 돌격 소총(특별히 게릴라 진압을 위해 만든 무기)을 제공하기로 돼 있다. 샤론이 온두라스를 방문했을 때 그를 수행한 측근 중에는 이스라엘 공군 수뇌부와 국방부 고위 관리도 있었다. 온두라스 정부 대변인은 샤론의 방문이 그 전의 [미국] 대통령 레이건 방문보다 더 긍정적이었다고 말했다. 왜냐하면 샤론은 "우리에게 무기를 판매"한 반면 "레이건은 상투적인 말만 늘어놓으면서, [미국] 의회의 방해 때문에 자신이 더 많은 일을 하지 못하고 있다고 해명했기" 때문이다.[20]

이웃 과테말라에서는 훨씬 더 잔혹한 독재자 리오스 몬트 장군이 ABC 방송 기자와 인터뷰에서 자신의 쿠데타가 그토록 성공적이었던 이유는 "많은 우리 병사들이 이스라엘인들한테 훈련을 받았기 때문"이라고 대놓고 자랑하기도 했다.[21] 1982년 여름 샤론이 레바논에서 팔레스타인인들을 학살할 때 몬트는 '폭동 진압' 작전의 일환으로 과테말라 시골에서 인디언 5000여 명을 학살했는데, 그 만행을 도와준 것은 바로 이스라엘 무기와 이스라엘이 전수해 준 기술이었다.[22]

이스라엘은 칠레의 피노체트와 아르헨티나의 갈티에리(그가 몰락하기 전에) 군사정권들에도 군사원조를 제공했다. 아르헨티나를 원조한 것은 특히 충격적이었는데, 아르헨티나 정권이 옛 나치들을 숨겨 줬을 뿐 아니라 갈티에리 정권 자체가 악명 높은 반反유대주의 정권이었기 때문이다. 이스라엘 언론 〈하올람 하제〉는 이 추악한 사실을 폭로하면서 다음과 같이 논평했다. "지난주에 이스라엘 외무 장관은 [과거에] 아르헨티나에서 유대인 약 1000명을 살해한 [아르헨티나 수도] 부에노스아이레스의 장성들과 따뜻하게 악수했다." 그 언론은 또 아르헨티나의 유대인 저널리스트 야코브 티메르만과 인터뷰하기도 했는데, 그는 다음과 같이 말했다. "아르헨티나의 교도관들이 감옥에서 유대인들을 고문할 때 이스라엘 정부는 아르헨티나의 유대인 사회에 침묵하라고 요청하는 광경을 내 두 눈으로 직접 목격했다."[23]

이스라엘이 이란 샤와 체결했고 1950년대에 미국이 강화한

'주변 조약'도 아주 흥미롭다. 두 나라 사이의 관계는 언제나 긴밀했다. [이란혁명으로] 샤가 타도됐을 때 이란 주재 이스라엘 대사는 "이스라엘의 상류 지도층 전체"가 그 전 몇 년 동안 이란을 방문해 샤를 만났다고 폭로했다. 그 중에는 전직 총리 네 명(벤 구리온, 골다 메이어, 이츠하크 라빈, 메나헴 베긴)과 전 국방 장관 모세 다얀도 포함돼 있었다. 고문 수사로 악명 높았던 이란 샤의 비밀경찰 사바크가 이들의 방문을 조율했다.[24] 사바크와 이스라엘 비밀경찰 모사드의 관계는 매우 긴밀했다. 모사드의 전 수뇌 야코브 님로디는 "샤와 가장 친한 이스라엘인"으로 유명했는데,[25] 이스라엘 대사관의 군사 담당관 자격으로 이란에서 시간을 보냈다. 1950년대 이래로 사바크와 모사드는 서로 협력했다.

샤와 인터뷰한 결과를 바탕으로 글을 쓴 작가는 다음과 같이 말했다. "이란의 군 장성들은 거의 모두 이스라엘을 방문했고 하급 장교 수백 명이 이스라엘 군대의 훈련 과정을 거쳤다."[26]

마지막으로 이스라엘이 레바논의 기독교 민병대 팔랑헤를 지원한 사실을 말해야겠다. 팔랑헤는 1930년대에 피에르 제마옐이 창설했다. 제마옐은 의식적으로 파시스트 조직을 본 따 팔랑헤를 광신적인 우익 무장 집단으로 만들었다. (팔랑헤는 파시스트라는 뜻이다. 제마옐은 1936년 베를린을 방문해 히틀러를 만났다.) [피에르] 제마옐의 아들 바시르는 1970년대에 팔랑헤 조직 안에서, 그리고 그 뒤에는 레바논의 더 광범한 기독교 운동 안에서 두각을 나타냈다. 역시 파시스트였던 바시르 제마옐도 정적政敵들을 모두 살해하는 단순한 방법으로 레바논의 기독교 세력을 지배할 수 있었다.

제마옐 일당이 1976년 [이스라엘 항구도시] 하이파에 도착하자 이스라엘의 노동당 정부는 (비록 처음엔 은밀했을지라도) 그들을 열렬히 환영했다.[27] 그 만남 이후 제마옐은 이스라엘의 도움으로 무장하기 시작했다. 1982년 8월, 레바논의 사브라와 샤틸라 난민촌에서 팔레스타인 난민 수백 명이* 학살당한 바로 그 달에 바시르 제마옐은 이스라엘 총과 탱크의 도움을 받아 레바논 대통령으로 '선출'됐다.

---

* 이 책이 쓰인 후, 사브라와 샤틸라 난민촌에서 학살당한 팔레스타인인의 규모는 수천 명에 이르는 것으로 밝혀졌다.

3장
테러 국가: 1982년 레바논 침공

나는 어렸을 때 [폴란드] 바르샤바 게토에서* 노동 수용소들을 거쳐 [독일의 강제 수용소] 부헨발트까지 가면서 두려움, 굶주림, 굴욕감 때문에 고통을 겪었다. 오늘날 이스라엘의 시민권자인 나는 도시와 마을, 난민촌을 체계적으로 파괴하는 것을 도저히 받아들일 수 없다. 나는 인간을 폭격하고 파괴하고 살해하는 기술 관료적 잔인함을 용납할 수 없다.

오늘날 나는 귀에 익은 말을 자주 듣는데 전쟁 때문에 더 빈번했졌다. "더러운 아랍인들"이라는 소리를 들으면 "더러운 유대인들"이 생각난다. "봉쇄된 지역들"이라는 말을 들으면 게토와 수용소가 생

---

* 나치가 규정한 유대인 거주 지역을 말한다.

각난다. [아랍인을 비하하는 표현인] "두 발 달린 짐승들"이라는 말을 들으면 "열등 민족"이 생각난다. 봉쇄를 강화했다거나 지역을 일소 했다거나 도시를 폭격해 굴복시켰다는 말을 들으면 고통·파괴·죽음·피·살인이 ··· 생각난다. 이스라엘에서 벌어지는 많은 일을 볼 때마다 내 어린 시절이 떠오른다.

이 말은 홀로코스트에서 살아남은 슐로모 슈멜츠만 박사가 이스라엘 언론에 보낸 편지의 한 구절이다. 슈멜츠만은 [이스라엘이] 레바논의 서부 베이루트를 한창 폭격하던 1982년 8월에 이 편지를 쓰며 영웅적인 단식 투쟁을 선언했다.[1]

이스라엘은 이른바 '테러' 행위에 대한 대응이라며 비무장 민간인들을 폭격하고 아이들을 살해하거나 장애인으로 만드는 짓을 오랫동안 자행해 왔다. 다음은 가장 유명한 시온주의 창시자들 중 한 명이자 이스라엘 총리를 지낸 다비드 벤 구리온이 쓴 《독립 전쟁 일기》의 1948년 1월 1일 자 기록이다.

대응이 꼭 필요하다는 것은 의심의 여지가 없다. ··· 집을 날려버리는 것으로는 부족하다. 필요한 것은 잔인하고 강력한 대응이다. 우리에게는 시간, 장소, 사상자 수의 정확성이 필요하다. 우리가 아는 [팔레스타인인] 가족이라도 남녀노소 가리지 말고 무자비하게 공격해야 한다. 그러지 않으면 대응은 효과가 없을 것이다. 전투

현장에서는 [그들에게] 죄가 있는지 없는지 따질 필요가 없다. 공격이 없었던 곳에서 우리는 공격하지 말아야 한다.[2]

"잔인하고 강력한 대응"이 새롭고 훨씬 더 잔혹한 수준에 달한 것은 1982년 여름이었다. 이스라엘은 레바논 전면 침공을 개시한 뒤 서부 베이루트에 폭탄을 쏟아부어 팔레스타인인과 레바논인 수만 명을 학살했다. 이것이 절정에 달한 것은 사브라와 샤틸라 난민촌에서 비무장 팔레스타인인을 남녀노소 가리지 않고 한 명씩 체계적으로 잔혹하게 살해한 것이었다. 이 "잔인하고 강력한 대응"은 런던 주재 이스라엘 대사 슐로모 아르고브 암살 미수 사건에 대한 대응이었다.

사실, 이 침공은 이스라엘이 오래 전부터 준비한 것이었다. 3개월 전인 1982년 3월에 이스라엘 신문 〈하레츠〉는 다음과 같이 썼다.

공식적인 평계는 "폭격이나 테러 행위를 용납하지 않겠다"는 것이지만 그 이면에는 팔레스타인해방기구를 물리적으로 절멸시켜야 한다는 전략적 견해가 숨어 있다. 즉, 요르단강 서안 지구에 있는 팔레스타인해방기구의 손발을 잘라내야 할 뿐 아니라(지금 점령지 철권 통치로 그렇게 하고 있다) 베이루트에 있는 팔레스타인해방기구의 심장과 머리도 처치해야 한다는 것이다. 이스라엘은 팔레스타인해방기구를 협상 파트너로도 요르단강 서안 지구 문제 해결을 위한 대화 상대방으로도 원하지 않기 때문에, 팔레스타인 해방기구와 대결을 주장하는 사람들은 점령지[요르단강 서안 지구] 에서 팔레스타인해방기구와 투쟁하는 것을 논리적으로 연장하면 레바논에 이른다고 주장한다. 이들은 팔레스타인해방기구가 물리 적 힘을 잃게 되면, 점령지에 대한 통제력뿐 아니라 점차 높아지던 국제적 지위도 잃을 것이라고 생각한다.[3]

미국 정부는 이스라엘을 철저하게 지원했다. 침공 직전에 이 스라엘 국방 장관이자 레바논 전쟁을 가장 주도적으로 실행한 아리엘 샤론이 워싱턴을 방문해 미국 국방 장관 캐스퍼 와인버 거에게 이스라엘은 레바논에서 행동을 할 것이라고 알려 주었 다. 미 국방부 인사들은 1982년 첫 3개월 동안 미국이 이스라 엘에 군수품을 대거 제공했다고 밝혔다. 이스라엘에 인도한 군 수 물자는 그 전 해보다 거의 50퍼센트나 늘어났다.

미국은 군수 물자를 6월까지 제공했고 그 중에는 베이루트를 폐허로 만드는 데 사용한 '스마트 폭탄'도 포함돼 있었다. 팔레 스타인해방기구 지도자 야세르 아라파트가 있는 것으로 알려 진 건물에 스마트 폭탄 한 발이 떨어져, 건물은 완파됐고 100명 이 사망했다.(이것은 1986년에 미국이 리비아 지도자 카다피가 숨어 있는 것으로 알려진 트리폴리의 건물을 폭격한 것과 섬뜩

하리만큼 비슷하다. 그 폭격은 유혈 낭자했지만 아무 성과도 없었다. 카다피의 자녀 1명을 죽이고 다른 자녀들에 장애를 입혔을 뿐이다.)

레바논 침공 덕분에 이스라엘은 매우 유익한 부수 효과도 얻을 수 있었다. 베이루트 폭격이 한창일 때, 이스라엘 군수업체(타아스)는 자사 폭탄의 판매 영역을 확대하기 위해 외국 언론(《에이비에이션 위크》 등)에 대한 홍보 활동을 강화했다. 그들이 내보낸 주요 광고 사진은 폭탄을 떨어뜨리고 있는 제트기였는데, 다음과 같은 제목이 달려 있었다. "당신의 기대를 결코 저버리지 않는 믿을 수 있는 폭탄."[4]

침공의 첫 표적은 티레 남쪽 라시디예의 팔레스타인 난민촌이었는데, 침공 이튿날이 되자 그 난민촌은 대부분 폐허가 됐다. 무기력한 저항이 있었다. 그러나 이스라엘 침공으로 완전히 찌그러진 유엔 평화유지군의 한 장교가 나중에 말했듯이 "그것은 참새를 향해 대포를 쏘는 것과 마찬가지였다." 난민 9000명은 도망치거나 이스라엘군에 의해 바닷가로 밀려났다. 거기서 그들은 난민촌이 거의 다 파괴되는 것을 지켜봐야 했다. 십대 소년과 성인 남자는 모두 눈을 가리고 손이 묶인 채 수용소로 끌려갔다.[5]

바로 이런 일이 레바논 남부 전역에서 벌어졌다. 팔레스타인 난민촌은 파괴됐다. 간혹 폭격으로 파괴되지 않은 난민촌은 불도저가 와서 밀어 버렸다. 그곳에 살던 사람들은 뿔뿔이 흩어져야 했다. 남자들은 감옥에 갇혔다. 기자들도 접근이 금지됐지만 가끔 기사가 나오기는 했다. 〈뉴욕 타임스〉의 데이빗 쉬플러는 여자와 아이들이 여전히 살고 있는 난민촌 집들을 불도저로 밀어버리는 이유가 뭐냐고 이스라엘군 장교에게 물었다. "그들은 모두 테러리스트이기 때문이다"라는 게 그가 들은 대답이었다.[6]

〈하레츠〉의 톰 세게브는 6월 중순 "정복이 끝난 뒤 레바논을 여행했다." 그가 본 것은 "멍한 눈망울과 겁에 질린 표정으로 누더기를 걸친 채 파리 떼가 들끓는 곳을 어슬렁거리는 난민들 … 울부짖는 여인과 흐느끼는 아이들"이었다. 여기저기서 사람들이 "몽유병자처럼" 돌아다니고 있었다. "지독한 악취가 코를 찔렀다." 나중에 알고 보니 시체 썩는 냄새였다. "이것은 제2차세계대전 말에 독일 도시들에서나 봤음직한 광경이었다." 그가 본 것은 "돌무더기", 며칠 동안 바닷가를 떠나지 못한 수많은 사람들, 도망치려 하다가 병사들에게 쫓겨 온 여인들이었다.

레바논 정부가 발표한 사상자 수치는 경찰 기록에 기초한 것이었고, 경찰 기록은 병원, 진료소, 민간 구호 센터에서 파악한 수치에 기초한 것이었다. 그 수치는 "레바논 당국이 파악하지 못한 지역들의 대규모 무덤들에 묻힌 사람들을 제외한" 것이었다.[7] 따라서 1만 9000명 사망, 3만 명 이상 부상이라는 그 수치는 실제 유혈 사태의 규모를 과소평가한 것이다.

6월 첫 베이루트 폭격에서 사브라 난민촌 아동 병원이 폭파됐고 난민촌 근처에 있던 가자 병원도 폭파됐다는 보도가 있었다.[8] 그 폭격으로 두 손을 잃은 수술실 간호사가 들려준 이야기에서 "낯선 것은 하나도 없었다." 〈워싱턴 포스트〉의 윌리엄 브래니건은 "고의든 우연이든 공습 표적이 병원이었다는 것도 전혀 낯설지 않다"고 보도했다.[9] 6월 24일 아크레 병원은 다시 공격을 받았고, 가자 병원과 '이슬람 환자들의 집'도 마찬가지였는데, 그 곳의 "복도는 핏자국으로 얼룩져 있었다."

'이슬람 환자들의 집'은 8월 중순까지 거듭거듭 폭격을 당해, 직원 200명 중 15명만 살아남았고 "발육이 느린 아이들 몇 명은 음식을 먹여줄 사람이 없어서 굶어 죽기도 했다."[10] 이 모든 일은 대부분 8월에 폭격이 격화하기 전에 벌어진 일이었다. 8월 4일까지 고아원 아홉 개 중 여덟 개가 집속탄과* 백린탄의** 폭격을 받아 파괴됐다. 베이루트의 정신 병원이 공격을 받았을 때, "노인성 치매 환자부터 난폭한 정신분열증 환자까지 온갖 환자 800명이 베이루트 거리로 쏟아져 나왔다."[11]

크리스 지아누는 당시 레바논에서 근무하던 캐나다인 외과

---

* 안에 작은 폭탄 수백 개가 들어 있는 폭탄을 말한다.

** 사람 피부에 달라 붙어 타오르는 폭탄으로 제네바 협약에 따라 사용이 금지돼 있다.

의사였다. 그가 나중에 미국 의회에서 증언한 내용을 보면 당시의 잔혹한 상황을 알 수 있다.

그는 "재소자 4명이 맞아 죽은 것을 봤다"고 증언했다. 그가 목격한 것은 "육해공군 동시 폭격과 융단폭격으로 완전히 폐허가 된 주거지역들과 닥치는 대로 무자비하게 파괴된 난민촌들"이었다. 결국 남은 것이라곤 "돌 조각과 파편으로 가득 찬 시커멓고 커다란 포탄 구멍, 부서진 콘크리트 조각, 뒤틀린 철골, 시체들"뿐이었다. "병원이 폭격 당했는데" 포탄 한 발에 40~50명이 죽어 버렸다. 그는 병원의 "남자 직원 전체"가 감금되는 바람에 환자들이 돌봐 주는 사람도 없이 버려진 것을 봤으며, 재소자들이 주먹, 몽둥이, 볼트와 너트가 박힌 밧줄 등으로 "닥치는 대로 무자비하게 두들겨" 맞는 것을 봤다. 그는 또 팔레스타인인 의사가 나무에 두 손이 묶인 채 매달려서 두들겨 맞는 것과 이라크인 외과의사가 "몇몇 호위병들한테 지독하게 두들겨 맞은 다음 뙤약볕 아래서 모래에 얼굴이 파묻힌 채 버려진" 것도 봤다. 이스라엘군 대령 한 명이 이 모든 광경을 보고 있었지만 그는 아무 조치도 취하지 않았다. 그는 "한 이스라엘 장교가" 재소자들에게 "[당시 이스라엘 총리] 베긴 만세!' 하고 외치도록 연습시키는 것"을 그저 보고만 있었다.[12]

의사이자 사회사업가인 한 노르웨이인도 이 이야기를 확인해 주면서, 적어도 10명이 맞아 죽는 것을 봤다고 말했다. 그

중에는 노인 한 명도 포함돼 있었는데, 그는 뜨거운 뙤약볕 아래서 물도 마시지 못한 채 몇 시간 동안 앉아 있다가 실성한 상태였다. 이스라엘 병사 네댓 명이 그를 두들겨 패더니 손목과 발목을 함께 묶은 다음 그가 죽을 때까지 뙤약볕 아래 내버려 뒀다.[13]

8월 12일 11시간 동안 계속된 베이루트 폭격은 마침내 전 세계의 비난 여론을 불러일으켰다. 심지어 미국조차도 이스라엘을 비난했고, 드디어 직접 공격은 중단됐다.

사실, 베이루트 포위 공격은 지나치게 잔인하다고 생각한 사람들이 많았다. … 베트남 전쟁 이후 볼 수 없었던 방식으로 대거 사용된 무기들은 그 결과를 직접 또는 영상이나 뉴스 보도를 통해 멀리서 목격한 사람들을 공포로 몰아넣었다. 끔찍한 무기인 집속탄과 백린탄이 널리 사용됐다.

결국 … 이스라엘은 서부 베이루트에서 그 어떤 장막으로도 숨길 수 없는 만행을 저질렀다. 베이루트에 대한 최후의 공습 마지막 몇 시간 동안 이스라엘 비행기들은 보르지 엘 브라즈네(팔레스타인 난민촌)를 융단폭격했다. 그 곳에 남아있는 전사들은 아무도 없었고 오직 팔레스타인인들의 파괴된 집만 남아있었다. 팔레스타인인들은 또 다시 새로운 거처를 찾아 떠나야 했다. 마침내 서부 베이루트에는 파편, 쓰레기, 유실물만 남게 됐다.

그러나 팔레스타인해방기구는 떠나고 있었다. 누군가는 그 승리가 달콤하다고 여겼을 것이다.[14]

베이루트 폭격의 야만성이 새로운 절정에 이르렀을 때, 이스라엘 총리 메나헴 베긴의 인기도 치솟았다. 8월 중순의 여론조사 결과를 보면, 이스라엘인들의 80퍼센트가 레바논 침공을 지지했으며(이스라엘 의회 내에서 야당이었던 노동당도 침공을 지지했다) 64퍼센트는 25마일 지대(처음에는 이스라엘군이 여기까지만 진격할 것이라고 선전했었다)를 넘어서 진격한다는 결정에 찬성했다.

물론, 이스라엘에도 슈멜츠만 박사처럼 레바논 침공을 반대하고 심지어 이에 항의하려 했던 사람들이 있었다. 그러나 외신들의 주목을 끈 것은 대규모 친親정부 시위였고, 그 시위에서 눈에 띄게 불길한 조짐은 붉은 글씨로 다음과 같이 쓰인 현수막과 팻말 들이었다. "하나의 국민, 하나의 군대, 하나의 정부." 히브리어를 할 줄 아는 한 독일 TV 방송 기자는 "이 말을 재빨리 번역해 자기 동료들에게 알려 주면서 그것이 나치의 슬로건, '하나의 국민, 하나의 국가, 한 명의 지도자'와 비슷하다고 지적했다."[15]

이스라엘 야당 노동당은 레바논 침공을 막기 위해 아무것도 하지 않았다. 노동당 의원들은 단 두 명을 제외하고 집권당인

리쿠드당과 함께 침공 찬성표를 던졌다. 이것은 노동당 지지자들의 분위기와 정확히 일치했다. 노동당 지지자들의 91퍼센트가 전쟁을 지지한 것이다.[16] 살육의 규모가 알려지자, 노동당이 마지못해 지지한 '피스 나우Peace Now' 운동은 40만 명이 참가한 대규모 시위를 조직했다. 그러나 이것은 전형적인 일회성 행사였다.

이스라엘군이 팔레스타인해방기구를 베이루트에서 쫓아냄으로써 겉보기에는 '승리'한 듯 했지만, 유혈 사태는 결코 끝나지 않았다. 9월 16일 목요일에 레바논의 기독교 민병대인 팔랑헤와 하다드 대원들이 트럭 여러 대에 나눠 타고 사브라와 샤틸라의 팔레스타인 난민촌에 진입했다. 그들은 이스라엘이 준 무기로 머리부터 발끝까지 무장하고 있었다. 이스라엘군이 "아무도 드나들지 못하도록" 난민촌을 "봉쇄했다." 이스라엘군 지휘부는 근처에서 이 과정을 직접 감독하고 있었다.[17]

전 세계를 경악시킬 대량 학살이 그 직후에 벌어졌다. 노엄 촘스키는 다음과 같이 썼다.

목요일 밤새도록 이스라엘군 조명탄이 난민촌을 비춰주는 동안 민병대원들이 주민들을 조직적으로 살해하고 다녔다. 몇 백 야드* 밖

---

* 100야드는 91미터다.

에 있던 이스라엘군의 감독 아래 학살은 토요일까지 계속됐다. 불도저들이 시체들을 모으고 멀리 나르거나 돌무더기 아래 파묻었다.

이스라엘군이 "100야드도 안 되는 곳에 있었지만, 끊임없는 총성을 듣고도 또 시체를 가득 실은 트럭들이 난민촌을 떠나는 광경을 보고도 아무 대응도 하지 않았다."(《로스앤젤레스 타임스》 9월 20일 자)

금요일 오후 [이스라엘군] 참모총장 에이탄과 드로리, 야론 같은 장성들이 팔랑헤 지도부와 만났다. 에이탄은 팔랑헤 지도부가 일을 잘 했다고 치하하면서 이스라엘 방위군IDF 표시를 제거한 불도저 한 대를 선물하고 난민촌에 12시간 더 머물러도 좋다고 허가했다. 살육은 계속됐다. 토요일 오전 5시에 살인자들이 난민촌을 떠나기 시작했고 36시간 만에 학살은 끝났다.[18]

처음에 이스라엘 정부는 그 학살 사건에 대해 아무것도 몰랐다고 발뺌하려 했다. 그러나 기자들은 알고 있었다. 그들은 대량 학살을 있는 그대로 보도했다.

난민촌 안에서 총성이 들려오자, 〈뉴스위크〉 기자 제임스 프링글은 하다드 대원 한 명에게 무슨 일이냐고 물었다. 그 민병대원은 웃으면서 "우리가 그들을 도살하고 있다"고 대답했다.[19]

〈워싱턴 포스트〉 기자 로렌 젠킨스는 거대한 무덤 곁에서 이스라엘군 주요 관측소를 쳐다봤다.

그 관측소는 이스라엘군이 시내로 진격하기 전에 거대한 망원경들을 설치하고 저격수들을 배치했던 곳이다. 그리고 내가 토요일 아침 그 무덤 곁에서 관측소를 쳐다보고 있을 때 이스라엘 병사 여섯 명이 나를 내려다보고 있었다. 그들은 이 끔찍한 비극을 처음부터 끝까지 죽 지켜보고 있었다. 사람들이 여기로 끌려와서 총살당한 뒤 이 무덤에 파묻히는 광경을 똑똑히 봤던 것이다. 이곳은 기본적으로 방어 시설을 갖추지 않은 민간인 수용소였다.[20]

학살의 규모는 어땠는가? 이스라엘군은 700~800명이 죽었다고 발표했다. 레바논 정부는 실제로 시체 762구를 찾아냈으며 1200여 구는 그 유가족들이 개인적으로 매장했다고 발표했다. 살해당한(그 중에 적어도 4분의 1은 레바논의 시아파 무슬림이었다) 팔레스타인인들의 대부분은 1948년에 이스라엘의 어퍼갈릴리와 자파에서 쫓겨난 난민들이었다.

이스라엘 정부는 이 학살 사건에 깊숙이 연루돼 있었다. 그렇다면 미국 정부는 이 사건에 대해 얼마나 많이 알고 있었을까? 미국은 유엔에서 이 학살 사건을 비난하는 결의안에 이스라엘과 함께 반대표를 던졌다. 그러나 미국의 배신 행위는 여기에 그치지 않는다.

8월 12일 베이루트 폭격 직후에 미국 정부는 팔레스타인해방기구가 베이루트에서 철수하는 조건 협상 과정에 깊숙이 개입했다. 미군 평화유지군이 팔레스타인해방기구의 철수를 감독함과 동시에 남아 있는 팔레스타인 민간인들을 보호한다는 이중의 임무를 띠고서 파견됐다.

레바논 정부와 미국 정부는 베이루트를 떠난 사람들의 가족을 포함해 베이루트에 남아 법을 준수하는 팔레스타인 비전투원들의 … 안전을 적절하게 보장할 것이다.[21]

이것은 협정에 명기된 내용이었다.

그러나 팔레스타인해방기구 투사들이 떠나자 평화유지군은 애초의 임무 수행 기간이 만료되기 2주 전에 철수했고, 팔레스타인 민간인들을 보호한다는 다국적군의 임무도 사실상 끝나 버렸다. 그 직후에 이스라엘군은 베이루트 시내로 진입했고 사브라와 샤틸라의 학살이 시작됐다. [이스라엘의] 베긴이나 샤론처럼 미국 정부도 실제로 방아쇠에 손가락을 댄 것은 아니었지만, 그들이 연루됐다는 것 자체는 의심의 여지가 없다. 이스라엘 작가 아모스 엘론은 다음과 같이 썼다.

어떤 사람이 아이가 잠든 침대 속에 뱀을 집어넣고 다음과 같이 말했다. "미안합니다. 나는 뱀에게 물지 말라고 말했어요. 나는 뱀이 그렇게 위험한지 몰랐어요." 이것은 터무니없는 말이다. 이 자는 전범戰犯이다.[22]

4장
시온주의의 기원

    이스라엘의 정치 철학을 흔히 '시온주의'라고 부른다. 이것은 부분적으로 종교적이고 부분적으로 역사적인 사상이다. 시온주의에 따르면, 팔레스타인 아랍인들이 천년 넘게 살아온 중동 일부 영토의 소유권이 전 세계 유대인들에게 있다는 것이다. 그러나 이 주장은 19세기 말 유럽에서 반反유대주의가 분출하기 전까지는 전혀 주목받지 못했다.

    시온주의의 종교적 기원은 성서 신화에 기초하고 있다. 유대인들은 신이 선택한 백성이라는 것, 로마 제국 시대에 유대인들이 흩어진 것은 일시적 사건일 뿐이라는 것, 구세주(유대교에서는 그리스도나 마호메트를 구세주라고 여기지 않는다)가 출현하면 유대인들은 선조의 땅인 팔레스타인으로 되돌아갈 수 있을 것이라는 게 그 신화의 내용이다.

이런 신화가 얼마나 영향력이 있었든 간에, 수백 년 동안 유대인들은 자기 삶의 근거지를 떠나 유대교 창시자들이 살았던 땅으로 돌아가려 하지 않았다. 물론 '성스러운 도시' 예루살렘 순례는 종종 있었고, 기도의 형태로 이런 신화가 끊임없이 반복되기는 했지만 영구 귀환 움직임은 거의 없었다.

사실 시온주의 사상이 1880년대와 1890년대에 팔레스타인을 정치적으로 정복하려는 유대인들의 현대적 운동으로 구체화하기 시작했을 때조차도, 전 세계 유대인의 90퍼센트는 유럽과 러시아에 살고 있었고, 그 곳에서 수백 년 동안 공동체를 형성해 왔다. 다시 말해, 그들은 문화적으로든 신체적 외관으로든 분명히 유럽인이었고, 당연히 예술·문학·과학 분야에서 유럽 문화에 중요한 공헌도 했다.

그러나 이 시기 내내 유대인들은 흔히 증오와 박해를 받았다. 이것은 보통 종교적 형태를 띠었지만 단지 종교적 차이 때문만은 아니었다. 그 근저에는 경제적 문제가 있었다. 유대인들은 언제나 독자적 종교와 문화를 가진 상업 공동체에서 살았다. 이 공동체들은 로마 제국의 주요 도시들에서 번성했을 뿐 아니라 중세 유럽에서도 계속 살아남았다. 그들이 한 구실은 중국인들이 동남아시아에서, 아시아 공동체들이 동아프리카에서 한 구실과 비슷했다. 그리고 유대인 공동체는 다른 인종 집단들과 마찬가지로, 지배자들이 대중의 불만을 자신들이 아니라 다른 대상에게 돌리고 싶을 때 마음대로 이용한 희생양이었다. 중세 유럽 사회에서 유대인들은 농업, 길드 전문직에서 완전히 배제됐으므로 대금업자나 '중간상인'(폴란드에서는 보통 부유한 유대인이 부재지주의 토지를 관리했고, 가난한 유대인은 떠돌이 땜장이나 소상인이었다)이 될 수밖에 없었고 이 둘 다 종종 피억압 농민들에게 분노의 표적이 됐다.[1]

18세기 계몽주의 시대, 특히 프랑스혁명 이후로 유대인들은 점차 이런 구속들에서 해방돼 사회의 모든 부문에 종사할 수 있게 됐다. 그러나 유대인 대다수가 거주하고 있던 폴란드와 러시아에서는 거대한 사회적 격변에도 불구하고 봉건 유럽의 후진적 특성들이 고스란히 남아 있었다. 유럽의 다른 봉건 국가들을 변모시킨 심각한 혁명적 변화가 이들 나라들에도 임박했다. 그러나 시대에 뒤진 지배자들은 수단과 방법을 가리지 않고 이러한 변화에 저항했다. 그리고 그 방법 중 하나가 바로 대중의 곤경을 유대인 탓으로 돌리면서 그들을 14세기 상황에 묶어두는 것이었다. 특히 러시아의 차르[황제]는 이 분야에 전문가였다. 가난하고 비참한 사람들을 부추겨 유대인을 학살하게 만든 포그롬(유대인 대량 학살)은 지주들과 차르가 자신들을 향한 대중의 적대감을 딴 데로 돌리는 데 써먹은 전형적인 수법이었다.

여기서 시작된 유대인들의 대규모 탈출은 20세기까지 계속

됐다. 기회의 땅은 보통 미국이었다. (유대인뿐 아니라 박해를 피해 유럽을 떠난 수많은 사람들도 약속의 땅이라고 여겼다.) 1920년대 말까지 40여 년 동안 300만 명이 넘는 유대인들이 동유럽과 러시아를 떠나 미국으로 향했다. 거의 50만 명은 서유럽으로 이주했다. 이에 비해, 1930년까지 팔레스타인에 도착한 유대인은 12만 명으로, 전체 유대인 이주자 중 소수에 불과했다.

그러나 19세기 말에 독일·프랑스·영국으로 이주한 유대인들은 불행히도 새로운 위기에 직면했다. 당시 이 나라들의 제국주의는 절정에 달했고, 영국의 세계 패권에 독일이 막 도전장을 내밀고 있었다.

제국주의는 국내든 해외든 세상을 '인종'에 따라 구분했다. 이러한 이데올로기는 유럽인이 '유색 인종'을 대하는 태도를 정당화했다. 이 이데올로기는 유럽 외부에 살고 있는 '유색 인종'이 문명을 이루지 못했기 때문에 비문명적인 방법으로 착취당하고 학대받아도 괜찮다고 합리화했다. 이러한 이데올로기는 칼 마르크스가 제시한 것과 다른 방식으로 세계를 설명했다. 마르크스는 세계가 인종이 아니라 사회 계급으로 나뉘어져 있다고 정확하게 지적했고, 공업국에서 성장한 노동자 운동은 이 생각에서 영감을 얻어 제국주의 지배계급에 도전하고 계급 없는, 따라서 평등한 사회를 요구했다.

제국주의 지배자들은 '인종'과 '민족'이라는 관념을 이용해 노동계급 운동을 분열시켰다. 지배자들은 '영국인'이나 '프랑스인', 혹은 '독일인'이 되는 것에 무언가 '특별한' 것이 있다는 관념을 퍼뜨리면서 자국민들을 애국주의 열기로 묶어 둔 덕분에 곤경에서 빠져나올 수 있었다. 지배계급들은 대중의 생활 수준을 떨어뜨려야 하는 경제 위기 때 국내외에서 적을 만듦으로써 자신들이 받는 압력을 덜 수 있었다.

'외국인'은 해외의 적이었고, 특히 이주해 온 '외국인'은 국내에서 아주 유용한 적이었다. 유대인 이주민들은 희생양으로 특히 유용했다. 왜냐하면 이들이 몇 백 년 전에 대금업자로 종사했던 희미한 기억을 끄집어낼 수 있었기 때문이다.

서유럽에 이미 뿌리내리고 있던 유대인 공동체는 더 가난한 유대인 동포들이 이주해 와 종종 반유대주의 물결을 촉발하는 것을 불안하게 지켜봤다. 그들은 그런 일을 처음 겪었고, 어떤 형태로든 정치적 개입이 필요하다고 생각했다. 일부는 반유대주의를 제대로 파악했다. 즉, 기득권을 유지하고 반대파를 분열시킬 목적의 잔인한 사회 통제 메커니즘이라고 이해한 것이다. 따라서 많은 유대인들은 분열을 부추기는 인종차별에 저항하는 최선의 방법으로 사회주의 운동에 가담했다.

그러나 완전히 다른 결론을 내린 부류도 있었다. 일부 유대인, 예컨대 현대 시온주의의 주된 설계자인 테오도르 헤르츨은 반유대주의를 피할 수 없으므로 유대인들은 모두 유럽을 떠나서 '유대인들만의' 조국을 찾아야 한다는 결론을 내렸다.

헤르츨은 1895년 프랑스의 유명한 드레퓌스 사건을 취재한 오스트리아 출신 유대인 기자였다. 드레퓌스 재판은 프랑스에서 반유대주의 물결을 일으킨 바 있다. 그 직후 헤르츨은 자신의 이론을 정립하기 시작했다. 헤르츨의 이론은 반유대주의에 무릎 꿇은 듯 보인다. 악명 높은 한 구절에서 그는 다음과 같이 주장했다.

> 파리에서 … 나는 반유대주의에 대해 더 자유로운 태도를 취하게 됐는데, 그것을 역사적으로 이해하고 용서하기 시작했기 때문이다. 무엇보다도 나는 반유대주의에 맞서 싸우는 것이 얼마나 공허하고 무의미한 짓인지 깨달았다.[2]

이렇게 암담하고 비관적인 관점은 반유대주의를 '용서'할 뿐 아니라 사실상 그것에 협력하는 것까지 정당화했다. 왜냐하면 반유대주의자들은 나중에 시온주의의 명분을 냉소적으로 지지했기 때문이다.

헤르츨은 특별히 종교적인 사람은 아니었다. 사실 처음에 그는 팔레스타인을 유대인의 새로운 '조국'이라고 생각하지도 않았다. 그는 한때 아르헨티나를 고려했다. 그러나 곧 배타적이고 대단히 민족주의적인 유대인 정체성을 발전시키기 위해서는 유대 경전 속의 신화가 매우 효과적이라는 점이 명백해졌다.

또한 헤르츨은 반유대주의에 대한 '시온주의적 해결책'을 고안한 첫번째 인물은 아니지만, 그것을 유럽 제국주의와 의도적으로 연결시킨 것은 그가 최초였다. 그는 제국주의의 신봉자였고, 유대인을 유럽에서 철수시킬 방법은 제국주의뿐이라고 봤다.

그래서 그는 당시 가장 영향력이 컸던 제국주의자들의 도움을 받으려 했다. 그는 로디지아(오늘날 짐바브웨)의 건립자이자 자신이 '예언자'로 여긴 세실 로즈에게 편지를 보냈다. 로즈는 아프리카인들을 상대로 유혈 낭자한 전투를 무수히 치른 뒤 중앙아프리카에 대규모 백인 정착촌을 건설한 자다. 헤르츨은 로즈에게 다음과 같이 썼다.

역사를 만드는 자리에 당신을 초대합니다. 당신은 우리의 제안을 무서워하지 않을 것입니다. … 이 계획에는 아프리카가 아니라 소아시아의 일부, 그리고 영국인이 아니라 유대인이 연관돼 있습니다. … 제가 당신에게 부탁드리는 이유는 … 이 계획이 식민지에 관한 것이기 때문입니다.[3]

당연하게도 로즈 역시 제국주의를 통해 '불필요한' 인구 집단을 딴 데로 내쫓을 수 있고, 그리하지 않으면 그들이 불안정을 야기할 것이라고 여겼다.

나는 어제 런던의 이스트엔드(노동계급 지구)에 가서 한 실업자
모임에 참석했다. 내가 들은 거친 연설들은 '빵을 달라', '빵을 달
라'고 외치는 절규에 가까웠다. … 나는 곰곰이 생각했고 … 제국
주의의 중요성을 더욱더 확신하게 됐다. … 영국인 4000만 명을
끔찍한 내전에서 구하려면 우리 식민지 정치인들이 새로운 땅을
획득해 잉여 인구를 정착시키고, 공장과 광산에서 생산된 상품을
팔 수 있는 새로운 시장을 개척해야 한다. 내가 늘 말했듯이, 제국
은 생존의 문제다. 내전을 피하고 싶으면 반드시 제국주의자가 돼
야 한다.[4]

헤르츨은 팔레스타인으로 들어가려던 과거의 시도들이 가망
없었다고 봤다. 그는 유대 국가를 수립할 유일한 길은 이른바
'확실한 우위'에 기초해야 한다고 주장했다. 이것은 제국주의 열
강의 후원을 받아야 한다는 뜻이었다. 그는 영국의 궁극적인 중
요성을 인식했다.

아시아에 영토가 있는 영국은 시온주의에 가장 관심이 많을 것이
다. 인도로 가는 가장 빠른 길이 팔레스타인을 지나가기 때문이
다. 영국의 위대한 정치인들은 처음으로 식민지 팽창의 필요성을
알아차렸다. … 그래서 나는 식민주의 사상인 시온주의를 영국인
들이 쉽게 이해할 것이라고 믿는다.[5]

한편, 혁명 전 러시아의 심각한 위기는 시온주의 명분을 강화하는 또 다른 계기가 됐다. 러시아에서 최초의 대규모 혁명적 봉기가 일어나기 두 해 전인 1903년에 차르는 자신의 통치권이 위험에 처했음을 감지하고 또 다시 유대인 학살을 명령했다. 악명 높은 반유대주의자였던 내무 장관 벤젤 폰 플레베가 이에 착수했다.

1903년 4월 6일 키시네프에서 폭도가 유대인들의 집과 상점을 습격하고 있을 때 차르의 경찰은 수수방관했다. 폭도들을 부추긴 것은 그 지방의 유일한 신문에 실린 기사들이었는데, 그 신문에 돈을 대준 사람이 바로 폰 플레베였다. 폭동이 일어난 이틀 동안 유대인 수백 명이 살해당하거나 부상당하거나 장애인이 됐다. 몸이 두 조각으로 잘려나간 유대인들과 거리에서 맞아 죽은 유대인 아기들 이야기도 있었다. 이 소식이 널리 퍼져 분노를 자아냈다. 미국 전역에서 대규모 항의 시위들이 벌어졌다. 1900년에 이르면 이미 100만 명에 달하는 유대인들이 미국에 정착해 살고 있었다.(1903년 키시네프 학살과 1982년 베이루트의 사브라·샤틸라 학살은 서로 비슷한 점이 있다. 두 경우 모두 살육이 자행되는 동안 정부 당국은 지켜보기만 했다.)[6]

러시아 유대인들이 가장 널리 쓰는 말은 이디시어였다. 키시네프 지역에서 이디시어 발간물은 모두 금지됐는데 오직 하나만 예외였다. 대학살 직전에 폰 플레베가 승인한 이디시어 신문은 시온주의 신문이었는데, 러시아 내 유대인을 '이방인'으로 묘사하면서 유대인들더러 고대의 '조국'으로 대거 탈출하자고 선동했다. 차르 경찰은 반유대주의에 반대하는 다른 모든 목소리를 억눌렀는데, 차르에 저항하는 지하 활동을 조직하는 혁명가들을 특히 가혹하게 탄압했다.

볼셰비키 지도자 레닌은 다음과 같이 말했다.

지주, 자본가와 연합한 차르 경찰은 유대인 대량 학살을 조직했다. [그들은 — 지은이] 노동자와 농민이 유대인들을 증오하도록 만들었다. … [그러나] 노동자들의 적은 유대인이 아니다. 그들의 적은 모든 나라의 자본가들이다.[7]

사실 점점 더 많은 러시아 유대인들은 혁명 운동에 이끌리고 있었다. 지도적 시온주의자 카임 바이츠만은 1903년에 헤르츨에게 다음과 같이 보고한 바 있다. "시온주의 운동은 유대인 청년들 중 최상의 분자들을 끌어들이지 못하고 있습니다. … 거의 모든 유대인 학생 기구는 혁명 진영을 확고하게 지지하고 있습니다."[8]

키시네프 학살이 일어난 지 한 달 뒤인 1903년 5월에 헤르츨은 지금의 '세계시온주의기구'의 대표 자격으로 러시아를 찾았다. 그는 폰 플레베를 만났다. 그러나 그는 폰 플레베에게 키시네프 학살의 책임을 묻지 않았다. 오히려 그는 폰 플레베에게 차르가 터키의 술탄과 협상하도록 설득해 달라고 요청했다. 당시 터키는 오스만 제국을 통치하고 있었는데 팔레스타인이 그 일부였다. 술탄 때문에 유대인의 팔레스타인 이주가 지체돼고 있었다. 헤르츨은 만약 차르가 개입해 준다면 호의에 보답하겠다고 약속했다. 바로 다음 시온주의 회의에서 차르에 대한 모든 공격을 막아내겠다고 약속한 것이다. 헤르츨은 일기에 다음과 같이 적었다.

폰 플레베는 다음 번 시온주의 회의에 상당한 중요성을 부여하고 있었다. 그는 키시네프 사건이 그곳에서 공개적으로 논의될 것이라고 예상했기 때문이다. 그런 일이 벌어지면, 나는 논의를 축소해 그에게 호의를 베풀 수 있는 위치를 점할 수 있을 것이다.[9]

제1차세계대전이 끝난 뒤 영국은 터키에 대항하는 아랍인들의 반란을 부추겨서 팔레스타인을 장악할 수 있었다. 헤르츨이 죽은 다음 가장 중요한 시온주의 지도자로 떠오른 카임 바이츠만은 이것을 예상하고 있었다. 그는 [영국의] 〈맨체스터 가디언〉[오늘날 〈가디언〉]에 보낸 편지에서 다음과 같이 주장했다.

만약 팔레스타인이 영국의 영향권에 놓인다면, 그리고 [영국이 —

지은이] 유대인 이주를 고무한다면 … [우리는 ― 지은이] 문명을 되살리고 수에즈 운하를 아주 효과적으로 지키는 나라를 건설할 수 있을 것입니다.[10]

아직 영국이 그 지역을 지배하기 전인 1917년에 바이츠만은 영국 정부의 비밀 회담에 초대받았다. 이것은 유명한 '밸푸어 선언'으로 이어졌다. 밸푸어 선언은 영국이 팔레스타인에 유대인들의 정착을 지지하고 시온주의자들은 영국의 지배를 받아들인다는 내용을 담고 있었다. 그 선언은 "유대인의 민족적 고향"을 약속했다. 윈스턴 처칠은 "유대인의 민족적 고향"의 중요성을 아주 잘 알고 있었다.

영국 왕실의 보호를 받는 유대인 300만~400만 명의 국가는 … 모든 면에서 유용할 뿐 아니라 특히 영국 제국의 진정한 이익에 부합할 것이다.[11]

시온주의자들도 인정했듯이, 반유대주의는 시온주의의 적이라기보다는 그 파트너였고 그 그림자는 밸푸어 선언에도 드리워져 있었다. 자기 이름을 딴 선언문에 서명한 영국 외무 장관 밸푸어 경은 1905년에 '외국인 법'을 통과시키려고 열심히 애를 썼다. 그 법의 목적은 유대인이 더는 영국으로 이주하지 못하게 막는 것이었다.

한편, 영국의 중동 지배에 대한 아랍인들의 저항은 미지근했다. 주로 봉건 족장과 왕으로 이루어진 아랍 지도부는 영국을 두려워했기 때문에 저항을 회피했다(그 지역의 대다수를 차지하는 가난한 아랍인들은 대규모 저항과 반란을 일으켰지만 말이다). 1920년에 이르면 팔레스타인 지도자들은 영국의 지배를 피할 수 없다는 판단을 내렸다. 그러나 1920년 12월 [팔레스타인 도시] 하이파에서 열린 첫 팔레스타인 전체 회의에서 그들은 영국의 시온주의 지지 중단, 유대인 이주 중단, 대의제 국민 정부 구성 등 세 가지를 요구했고, 이 요구는 그 뒤로도 계속됐다.

제1차세계대전이 끝난 뒤 팔레스타인에는 유대인 5만 6000명과 팔레스타인인 약 100만 명이 살고 있었다. 굳이 계산하지 않아도 어떤 집단이 다수를 이룰지는 명백했다. 비록 그 뒤 5년 동안 유대인 이주민이 갑절 이상 늘었지만, 그들은 여전히 소수였다. 그러나 아랍인들은 유대인들의 위협을 느꼈고, 항상 아랍인들의 요구를 존중하겠다고 약속했던 영국에 속았다고 느꼈다.

아랍인들의 우려는 정당한 것이었다. 밸푸어 경은 1919년의 한 비밀 문서에서 다음과 같이 언급했다.

우리는 팔레스타인의 현재 거주자들이 무엇을 원하는지 묻지 않을 것이다. … 4대 열강이 시온주의를 지지하고 있다.[12]

그리고 미국에서 온 젊은 시온주의자 정착민이자 장차 이스라엘 총리가 되는 골다 메이어는 1921년에 쓴 한 편지에서 다음과 같이 적었다.

만약 우리가 여기에 정착한다면 영국이 우리를 도울 것이다. 영국은 팔레스타인을 식민지로 만들기 위해 … 아랍인들을 선택하지는 않을 것이다. 영국은 우리를 선택할 것이다.[13]

처음부터 유대인 공동체의 지도자들은 최대한 많은 생활 영역에서 팔레스타인인들을 배제했다. '시온주의 노동당' 지도자들은 1920년에 오로지 유대인들로만 이루어진 노동조합 히스타드루트를 건립했다. 이것은 곧 반反팔레스타인 활동의 선봉대가됐다.

히스타드루트는 자신들의 강령이 '사회주의적'이라고 주장했다. 히스타드루트는 유대 국가가 유대인 노동자들의 노고에 힘입어 건국돼야 한다고 주장했다. 히스타드루트는 고상한 선언문에서 유대인들은 토착 팔레스타인인들을 착취해서는 안 되기 때문에 그들을 농장이나 공장에서 고용해서는 안 된다고 주장했다. 히스타드루트 지도자들은 유대인 식민지를 지도할 세 가지 슬로건을 제시했다. "유대인의 땅, 유대인의 노동, 유대인의 상품." 이러한 구호에 따라서 시온주의 중개인들은 유대인들에게만 토지를 임대했다. 유대인 농업 정착촌과 공장은 오직 유대인만 고용했다. 그리고 유대인들은 비非유대인 농장에서 생산된 과일과 채소는 보이콧했다. 따라서 팔레스타인인들은 유대인 경제에서 완전히 배제됐다.

값싼 팔레스타인 노동에 이끌린 유대인 기업인들이 가끔 '유대인의 노동' 원칙을 어기기도 했다. 그러나 흔히 유럽에서 무일푼 신세로 이주해 와 일자리를 갈구하는 수많은 새 정착민들에게 히스타드루트 강령은 잘 먹혀들었다. 오직 유대인들만 노동력을 판매하도록 통제함으로써 온당한 임금을 보장받을 수 있었다. 이것은 유럽인이라는 우월감, '고향' 귀환이라는 시온주의적 '사명감'과 한데 뒤섞여 강력하고 광신적인 운동을 만들어 냈다.

히스타드루트의 구성원들은 아랍인 노동자들이 일자리를 구하지 못하게 방해하기 위해 유대인 과수원 앞에서 피켓팅을 조직했다. 활동가들은 떼지어 시장을 휘젓고 돌아다니면서 아랍인이 재배한 토마토에 석유를 붓거나 유대인 주부들이 아랍 상인에게서 구입할지도 모르는 계란들을 깨부쉈다. 유대민족기금은 중개인들에게 많은 돈을 지급해서 부유한 [아랍] 부재지주한테서 토지를 사들이거나 부채가 많은 [아랍] 소농에게 토지를 팔도록 종용했다. 그리고 나서 시온주의자들은 그 땅에 살고 있던 아랍 농민들을 내쫓았다.

점차 히스타드루트 지도자들이 시온주의 운동의 지도자가 됐다. 미래의 총리 중 세 명이 이 '노동조합' 출신이었다. 사실 히스타드루트는 점점 미래 국가의 기초가 됐다. 특히 중요했던 것은 한창 발전하고 있던 농업 공동체, 즉 키부츠였다. 유대인 구성원들에게 겉으로는 평등과 자유를 말하지만, 그 이면에는 아랍인 배제와(이 점은 오늘날에도 사실이다), 각 키부츠가 1923년 창설된 시온주의 민병대 하가나의 소규모 군사 기지라는 사실이 숨겨져 있었다.

물론 각 키부츠는 팔레스타인인들이 천년 동안 경작해 온 땅 위에 건설된 것이었다.

5장
홀로코스트: 시온주의의 정당성?

제2차세계대전 뒤에 홀로코스트의 그림자 속에서 성장한 유대인 아이들은 어린 마음 속에 평생 잊지 못할 두 가지 이미지를 간직한 채 자라났다. 하나는 노란색 별이 달린 누더기 잠옷을 입은 채 아우슈비츠의 철조망 앞에서 어슬렁거리는, 살아 있는지조차 의심스러울 정도로 뼈만 앙상하고 잔뜩 겁먹은 사람들의 이미지다. 또 하나는 이스라엘, 영광스런 이스라엘, 유대인들의 구세주, 다시는 유대인들에게 그러한 죽음의 파도가 닥치지 않을 것이라는 신의 말씀에 따라 그 생존을 보장받은 이스라엘의 이미지다.

이 두 이미지는 너무나 강력히 연결돼 있어서, 아주 조금이라도 그에 대해 문제를 제기하면 나치로 몰리기 십상이다. 둘의 연관성에 이의를 제기하면 반유대주의 의도를 숨기고 있다는 혐의를 감수해야 한다. 이것을 단지 시온주의 주장 때문이라고 여기는 것은, 어떤 점에서는 유대인들이 겪은 상처를 과소평가하는 것이다. 1945년[제2차세계대전이 끝난 해] 이후 세계는 실제로 헤르츨이 예측한 대로 보이는 듯 했기 때문이다.

아무도 유대인들을 진심으로 받아들이려고 하지 않았다. 독일은 유럽에 살던 대다수 유대인들을 살해했다. 연합국인 영국·미국·프랑스는 홀로코스트의 비극적인 생존자들을 받아들이려는 노력을 거의 하지 않았다. 그리고 스탈린이 전에 히틀러와 조약을 체결한 적이 있는 데다 소련 내 반유대주의에 관한 끊임없는 소문이 결합돼 유대인들은 소련식 공산주의를 받아들인 모든 나라를 믿지 못했다.

그러나 여기서 세 가지 중요한 문제를 던질 수 있다. 1945년에 세계는 이렇게밖에 될 수 없었을까? 전쟁 직전이나 전쟁 중에, 특히 유대인 대학살이 알려진 후에 연합국은 유대인 난민들이 안전하게 서방으로 올 수 있는 길을 열어주기 위해서 실제로 어떤 노력을 했는가? 그리고 시온주의자들은 어떤 노력을 했는가? 왜냐하면 이전 3세대 동안 유대인들은 박해를 피해 보통 [팔레스타인이 아니라] 서방으로 이주했기 때문이다. 압도 다수는 서방에 정착했다. 오직 극소수만 팔레스타인으로 갔다.

1939년에 전쟁[제2차세계대전]이 터졌을 때 전 세계 유대인의 대다수는 시온주의자가 아니었다. 시온주의자들은 유대인 중에 소수였다. 안전한 서방을 포기하고 팔레스타인으로 가는 유대인은 거의 없었다.

그렇다면 연합국 정부들은 전쟁 기간 동안 유대인 난민들을 유럽 내 나치 점령지에서 빼내오기 위해 얼마나 노력을 했는가?

여기서는 미국의 태도가 결정적이었다. 정말로 유대인 이주민들에게 미국은 약속의 땅이었다. 이미 수많은 유대인들이 미국에 거주하고 있었다. 하지만 미국은 1924년 이른바 할당법을 도입한 이래 유대인 난민뿐 아니라 수많은 다른 이주민들의 입국도 거부하고 있었다.

미국 정부의 태도를 보여주는 한 예로, 홀로코스트에 관한 소식이 퍼져나가는 와중에도 미국 정부는 유대인 지도자들이 거듭거듭 간청했음에도 아우슈비츠 수용소로 연결되는 철로에 대한 미 공군의 폭격을 거부했다.[1] 영국 정부도 똑같은 입장이었다.

나치의 유대인 말살 정책이 절정에 달한 1943년에 미국 정부는 유대인 이주민을 겨우 4705명만 받아들였다.

그 답이 뻔하다고 잘못 여겨져 아무도 제기하지 않는 아주 중요한 질문이 질문이 하나 있다. "유대인 난민 자신들은 어디에 정착하고 싶어했을까?" 나치가 득세하기 전에 도망친 유대인들만 난민이 된 것은 아니었다. 전쟁이 끝날 무렵에는 자기 가족 전체, 즉 조부모·부모·자식·형제·자매 등이 하나하나 자기 눈앞에서 죽어 가는 것을 지켜봐야 했던 유대인들도 난민이 됐다. 본인이 고문 때문에 죽을 뻔한 이들도 난민이 됐다.

일반적으로 시온주의자들은 그 난민들이 "당연히 유대인의 고국[팔레스타인]으로 가고 싶어했을 것이다" 하고 대답한다. 그리고 사실 홀로코스트라는 배경을 고려하면, 전 세계 유대인들이 그런 반응을 보인다 해도 이는 전적으로 이해할만한 일이다.

그러나 놀랍게도 진실은 그리 단순하지 않다. 그리고 이 가슴 미어지는 비극의 중요한 측면을 역사적으로 진지하게 분석하려는 시도는 거의 없었다.

전쟁 뒤에, 시온주의 단체인 유대인협회는 유럽 유대인들이 팔레스타인으로 갈 수 있도록 10만 부의 이주 허가서를 내줄 것을 영국에 요청했다. 팔레스타인으로 향하는 불법 이주를 돕는 조직이었던 브리차는 난민 수용소에 조직자들을 파견했다. 그 조직자들이 난민들의 선택에 영향을 미쳤을 것은 분명하다. 그리고 다른 현실적 대안이 없는 상황에서 난민들은 브리차 조직자들의 말을 따라 팔레스타인 연안으로 향하는 낡아 빠진 배를 타기 쉬웠을 것이다.

그러나 이 강렬하고 감정적인 캠페인에도 불구하고, 시온주의 조직자 채플린 클라우스너가 나중에 미국유대인회의에 제출한 보고서를 보면, 난민 대부분은 미국으로 가고 싶어했다. 사실, 클라우스너 자신의 태도가 시온주의의 비인간적 측면을 여실히 보여 준다. 그는 다음과 같이 결론내렸다. "저는 사람들이 팔레스타인을 선택하도록 강요해야 한다고 확신합니다."[2]

이것은 유별난 반응이 아니었다. 시온주의자들의 원칙은 연합국이 유대인 이주민을 받지 않도록 하는 것이었다.

1938년 영국은 적어도 독일 유대인 아이들 수천 명의 입국을 허용하는 계획을 세운 적이 있었다.(역설적이게도, 이 계획이 마련된 계기는 1936년 팔레스타인에서 발생한 거대한 반란이었다. 이것은 아랍인들에 잠시 양보하기 위해 유대인들이 팔레스타인으로 이주하는 규모를 줄이는 수단으로 고안된 것이었다.) 벤 구리온은 이 계획에 반대함으로써 시온주의 계획 심장부에 존재하는 역겨움을 밝히 드러냈다. 그는 다음과 같이 말했다.

만약 독일에 있는 [유대인] 아이들이 영국으로 향하면 모두 살지만 이스라엘로 향하면 절반만 살 수 있는 상황이라면, 나는 둘째 방안을 선택할 것이다. 왜냐하면 우리는 이 아이들의 생명뿐 아니라 이스라엘인들의 역사도 중시하기 때문이다.[3]

다시 말하면 유대인들의 생명과 이스라엘 국가 수립이 서로 상충할 때는 전자보다 후자가 더 중요했다는 것이다. 이것은 유대인들의 구원자 이스라엘이라는 전후戰後의 이미지를 산산조각 낸다. 시온주의자들이 팔레스타인 영토를 차지하는 것이 도대체 어떻게 정당화될 수 있는지 묻지 않을 수 없다.

미국의 지도적 시온주의자인 랍비 스티븐 와이즈도 1939년에 유대인 아이들이 미국에 입국하는 문제에 관해서 벤 구리온과 비슷한 태도를 취했다. 그는 이들의 입국이 미국의 이민 관련 법률들에 미칠 영향을 걱정했다.

> 우리의 국가[이스라엘]가 우선이다. … 만약 이 아이들을 도울 수 없다면, 도와서는 안 된다.[4]

그러나 시온주의의 가장 커다란 범죄는 시온주의자들이 나치에 취한 태도다. 세계시온주의기구 의장 바이츠만은 히틀러가 집권하기 훨씬 전인 1912년 베를린에서 한 연설에서 독일 반유대주의에 대한 자신의 입장을 다음과 같이 피력했다.

> 일정 규모 이상으로 유대인들을 받아들이는 나라는 혼란에 빠질 것이다. 이미 독일에는 유대인들이 너무 많다.[5]

히틀러 자신도 이보다 심하지는 않았을 것이다.

실제로 히틀러는 1933년 집권했을 때, 독일의 주요 시온주의 단체인 독일시온주의연맹이 자신만큼 뒤틀리고 유사한 사상을 갖고 있음을 발견했다. 그들은 히틀러에게 다음과 같은 문서를 보냈는데, 이는 그 뒤 가스실까지 이어지는 참혹한 시기 내내 나치와 시온주의자들의 관계를 결정지을 문서였고 더 논평할 필요도 없는 문서다.

따라서 우리의 견해를 말씀드리자면, 새로운 '독일 국민의 각성'이라는 원칙들을 유지하면서도 유대인들의 새로운 생존 조건을 마련하는 해결책이 동시에 가능하다는 것입니다. … 시온주의는 유대인의 어려운 처지에 대해 환상을 갖고 있지 않습니다. 유대인의 어려운 처지는 무엇보다도 그들의 비정상적인 직업 분포와 고유한 전통에 뿌리를 내리지 못한 정신적·도덕적 결함 때문입니다. … 독일 국가가 만족할 유대인 문제의 해법은, 유대인을 사회적·문화적·도덕적으로 혁신하려는 유대인 운동에서 도움을 받아야만 실현될 수 있습니다. … 지금 독일에서 기독교적·민족적 가치를 고수함으로써 민족의식이 부활하는 것처럼 유대인들도 그런 민족의식이 부활해야 합니다. 왜냐하면 뿌리, 종교, 운명 공동체, 공동체 의식이 유대인들의 삶을 좌우하는 결정적 요소가 돼야 하기 때문입니다.

우리는 인종적 기반 위에 생겨난 새로운 국가에서 우리의 공동체를 전체 구조에 적합하게 만들어 우리에게 배정된 영역에서 조국을 위해 왕성한 활동을 하고 싶습니다. … 우리가 유대인의 민족성을 승인하는 것은 독일 국민과 독일의 민족적·인종적 현실에 명료하고 신실한 관계를 맺기 위함입니다. 무엇보다도 우리는 이런 근본 원칙[인종 원칙]들을 부정하지 않기 때문이며, 우리도 상이한 인종간 결혼에 반대하고 유대인 집단의 순수성을 유지하길 원하기 때문입니다.

시온주의의 실천적 목표를 위해서라면 심지어 유대인에 적대적인 정부조차도 우리와 협력해주길 바랍니다. 왜냐하면 유대인 문제를 다룰 때는 감상적 사고를 모두 배격하고 모든 국민들, 특히 현재 상황에서는 독일 국민에 이로운 해결책을 찾아야 하기 때문입니다.

외국의 분노한 유대인들이 독일 발전에 반대하는 것은 시온주의가 실현되는 것을 방해할 뿐입니다. 지금 독일에 반대해서 여러 가지 방식으로 진행되고 있는 불매운동은 본질적으로 비非시온주의적입니다. 왜냐하면 시온주의는 [독일 국가를 상대로] 싸우는 것이 아니라 확신을 심어주고 그 발전을 돕기 원하기 때문입니다.[6]

마지막 문단의 내용은 주로 미국에서 벌어진 독일 상품 불매운동을 말하는 것인데, 시온주의자들은 이에 반대했다.

물론, 나치에 대한 시온주의자들의 역겨운 태도 때문에 나치에 맞서 싸운 유대인 투사들의 엄청난 용기를 무시하거나 왜곡해서는 안 된다. 그들은 나치뿐 아니라 내부의 배신자들이나 다름없는 시온주의자들과도 싸워야 했다. 그 시온주의자들은 유대인 투사들의 귀에 대고 "싸우지 마. 너는 싸울 수 없어. 독일 나치가 옳아. 너는 유럽에서 환영받지 못해. 너는 여기[유럽]에 있어선 안 돼" 하고 속삭였다.

1943년 폴란드의 바르샤바 게토에서 유대인 투사들은 나치에 대항해 봉기했다. 그들은 폭격당한 건물과 미로 같은 지하 하수구 속에 숨어서 6개월 동안 저항했다. 독일 지휘관은 다음과 같이 기록했다. "우리는 유대인들이 우리에게 잡히기보다는 불타 죽을 것을 각오하고 불길 속으로 뒤돌아 가는 것을 거듭거듭 목격했다."[7] 독일군은 특히 여성들이 포위당한 상황에서도 투항하지 않고 총을 쏘면서 돌격해 오는 장면도 목격했다. 막강한 적에 대항해서 바르샤바의 유대인들은 끝까지 싸웠다.

전쟁 당시 팔레스타인 내의 여러 시온주의 무장 조직 중 하나였던 스테른 갱(나중에 이스라엘 부총리가 되는 이츠하크 샤미르도 스테른 갱 소속이었다)의 옛 조직원 우리 아비네리는 다음과 같이 논평했다.

전쟁 기간 내내 시온주의 지도자들이 유대인들을 돕기 위해 한 일은 거의 없다. … [시온주의 지도자들이] 뭔가 할 수 있었을 것이라고 생각하는 사람들이 많다. 하가나와 이르군[다른 시온주의 무장

조직들 — 지은이]의 투사 수백 명을 유럽으로 보낼 수도 있었다는 것이다.[8]

그러나 시온주의자들의 생각은 달랐다. 바르샤바 봉기가 일어난 바로 그 해에, 시온주의유대인구조위원회의 대표 이츠하크 그린바움은 다음과 같이 선언했다.

만약 누군가 나에게 유대인들을 구하기 위해 [유대인구호연합 — 지은이] 돈을 지원할 수 있느냐고 물었다면, 나는 "안 돼. 절대 안 돼" 하고 대답했을 것이다. 내 생각에 우리는 시온주의 활동을 부차적으로 만들 수 있는 모든 활동에 저항해야 한다.[9]

6장
팔레스타인 강탈!

제2차세계대전 때문에 영국은 사실상 제국을 지배할 능력을 잃어버렸다. 시온주의 정착민과 토착 팔레스타인인 간의 유혈 낭자한 충돌(영국은 이 분쟁을 만들어 내는 데 한몫했다)을 해결하려는 영국의 의지는 시들해졌다. 미국은 전쟁을 치르느라 소진한 힘이 크지 않았고 세계의 강대국으로 떠올랐다. 그리고 미국한테 중동은 핵심적으로 중요한 지역이었다. 값도 싸고 공급량도 계속 증가하는 중동산 석유는 이제 미국의 국내 소비뿐 아니라 유럽의 전후 재건에도 필수적이었다.

따라서 트루먼 정부는, 생존 자체가 전적으로 미국의 후원에 달려 있어서 중동 지역에 대한 미국의 이익을 지키는 데 헌신할 수밖에 없는 유대인 국가를 아주 반가워 했다. 특히 당시 중동에는 미국의 이익을 보장할 세력이 없었다.

그런데 1946년 6월 시온주의자들이 예루살렘의 킹 데이비드 호텔을 폭파해 영국인, 아랍인, 유대인을 80명 넘게 살해한 사건이 발생했다. 이것은 영국의 중동 정책이 파산했음을 드러낸 사건이었고, 유엔이 팔레스타인 문제를 서둘러 넘겨받았다.

미국은 유엔에서 가장 강력한 발언권을 가지고 있었다. 미국은 유엔이라는 허수아비 기구를 내세워 팔레스타인 정책을 자신의 뜻대로 손쉽게 관철시켰다. 미국이 지지한 유엔의 [팔레스타인 영토] 분할안은 [팔레스타인과 이스라엘] 양측에 '공정한' 것처럼 보였다.

그러나 이 안을 자세히 살펴보면, 결코 공정하지 않다는 점이 바로 드러난다. 이 분할안은 전체 인구의 30퍼센트를 차지하고 단지 6퍼센트의 토지만을 소유하고 있던(그나마 이 토지조차도 이미 지적했듯이 전쟁 전에 시온주의자들이 아랍인 지주들한테서 구입한 것이었고 그 뒤 시온주의자들은 그 땅에서 농민들을 내쫓았다) 유대인들에게 팔레스타인 전체 영토의 55퍼센트를 할당했다. 그 결과 유대인과 거의 비슷한 수인 40만 명에 달하는 아랍인들이 유대 국가에 살게 됐다. 나머지 45퍼센트 영토에는 아랍 국가가 건립되고 유대인 1만 명과 아랍인 72만 5000명이 살게 됐다.

이 분할안은 손쉽게 통과됐다. 모든 유럽 정부들이 이 안을 승인했다. 소련도 승인했다. 그러나 아프리카와 아시아 국가들 중에서는 오직 세 나라만 이 분할안을 승인했다(그것도 미국의 엄청난 압력을 받은 결과였다).

물론 아랍 국가들은 단 한 나라도 동의하지 않았다. 며칠 뒤 시리아에서 시위대가 서방 대사관들을 공격했다. 이집트인 수만 명은 카이로 거리로 쏟아져 나와 경찰과 싸우면서 영국 영사관을 향해 돌을 던졌다. 레바논과 이라크 사람들은 미국인들의 재산을 공격했다. 한 팔레스타인 지도자는 다음과 같이 적절하게 말했다. "우리는 미국의 선봉대와 싸우고 있다."[1]

명백히도, 1947년 11월에 서명된 분할 협정은 시온주의자들이 팔레스타인을 즉시 강탈할 수 있도록 허용한 법적 사기였다. 분할은 영국의 지배가 끝났다는 신호였다. 그렇다면 몇 년 동안 공공연한 비밀이었던 시온주의자들의 군사 계획을 누가 막을 것인가? 확실히 미국은 아니었다. 아랍 정부들? 아니었다. 이들은 영국에 지배당하기 시작했을 때부터 제국주의에 진지하게 반대하지 않았고 줏대가 없고 매우 부패했다.

팔레스타인인들은 혼자서 싸워야 했다. 그들에게는 군사 기구도 없었고, 더 중요하게는 냉혹하게 훈련받은 시온주의자들에 맞설 지도부도 없었다. 그럼에도, 1936년에* 그랬듯이 팔레스

---

* 영국 식민 지배에 맞선 팔레스타인 총파업이 일어난 해. 7장 참조.

타인인 수만 명은 용감하게 싸웠다.

시온주의자들의 계획은 엄청난 규모로 테러를 자행하는 것이 핵심이었다. 그들은 끔찍한 유혈 사태와 폭력으로 팔레스타인 전역을 공포로 몰아넣어 팔레스타인인들을 내쫓을 심산이었다.

1948년 4월 9일 메나헴 베긴(1982년 레바논 침공 때 이스라엘 총리)이 이끄는 특히 광신적인 시온주의 민병대인 이르군 병사들이 데이르 야신이라는 팔레스타인 마을로 진입해서 마을 주민들에게 15분 안에 집을 떠나라고 명령했다. 그리고 병사들은 공격을 시작했다. 몇 시간 만에 이르군은 남녀노소 가리지 않고 주민 200~300명을 무자비하게 살해했는데, 이런 일은 34년 후 [레바논] 베이루트의 사브라와 샤틸라에서도 반복됐다. 국제적십자사의 자크 드 레이니에는 [데이르 야신의] 살육이 끝난 직후 현장에 방문했다.

첫째 방은 어둡고 온통 어수선했으며 사람은 아무도 없었다. 둘째 방은 가구 안의 물건들이 나뒹굴었고 온갖 파편들이 널려 있었다. 나는 싸늘하게 식은 시체 몇 구를 발견했다. [이르군은] 기관총과 그 다음에는 수류탄으로 여기를 '청소'했다. '청소'의 마지막은 칼로 끝마쳤다. 어느 누구라도 알 수 있었다. 옆방도 사정은 마찬가지였다. 그러나 내가 돌아서서 문을 나서려 할 때 나는 한숨 비슷한 소리를 들을 수 있었다. 나는 사방을 살펴봤고, 모든 시체들을 확인해서 마침내 아직 따뜻한 조그만 다리를 발견했다. 열 살쯤 되는 작은 소녀가 수류탄에 부상당했지만 아직 살아 있었던 것이다. 그런 끔찍한 광경을 도처에서 볼 수 있었다. … 이 마을에는 400명이 살고 있었는데, 도망친 사람은 약 50명뿐이었다. 나머지가 무자비하게 학살당한 것은 철저한 계획에 따른 것이었다. 내가 관찰한 바로는, 이 살인 집단은 아주 규율 있었고 명령받은 대로만 움직였기 때문이다.[2]

베긴 자신은 상황을 다음과 같이 묘사했다.

'이르군 도살'에 관한 살벌한 이야기들을 믿게 된 아랍인들은 끝없는 공포심에 사로잡혀, 살기 위해 도망치기 시작했다. 이러한 대규모 이동은 곧 걷잡을 수 없는 수준으로 발전했다. … 그 정치적·경제적 중요성은 이루 말할 수 없다.[3]

2주 후 영국군은 [팔레스타인 도시] 하이파에서 철수했다. 4월 21일 해질 무렵 시온주의자들은 아랍인 밀집 지구 250미터가량 안쪽까지 30킬로그램에 달하는 폭약을 밀어 넣었다. 가솔린과 다이너마이트로 가득 채운 나무통 폭탄을 골목으로 굴려 넣었고, 이내 그것들이 터지고 엄청난 불길이 치솟았다. 주류 시온주의 민병대인 하가나의 스피커에서는 '공포에 질린 목

소리'가 흘러나와 아랍 여성들의 비명과 신음 소리가 허공을 가득 메웠고 간간이 아랍어로 다음과 같이 외치는 소리도 들렸다. "도망쳐요! 유대인들이 독가스와 핵폭탄을 사용하고 있어요!" 하이파에서 도망치는 팔레스타인인들이 겁에 질려 외친 소리는 한 마디뿐이었다. "데이르 야신, 데이르 야신."[4]

그 뒤 1주일이 채 못 돼 똑같은 심리전 때문에 항구 도시 자파가 텅 비어 버렸다. 그 도시는 원래 아랍 국가의 일부로 지정됐다. 갈릴리의 비옥한 토지부터 요새 도시 아크레까지, 팔레스타인인들은 자기 집과 마을, 땅을 버리고 도망쳐야 했다.

이 사건들, 특히 데이르 야신 학살에 관한 이야기는 팔레스타인인들 사이에서, 그리고 아랍 전역에서 널리 알려져 있다. 40년 동안 이스라엘 국가는 이 사실을 부인했다. 시온주의자들의 공식 설명은 아랍 국가들이 그 후 유대 국가 침략을 정당화하기 위해 팔레스타인인들에게 떠나라고 종용했다는 것이다.

그러나 1986년 초에 이스라엘 역사가 벤니 모리스가 발간한 1948년 6월 자 이스라엘군 비밀 정보 보고서는 팔레스타인인들의 주장이 정확함을 보여 준다. 모리스는 그 보고서를 분석하면서 다음과 같이 썼다.

이스라엘이 [팔레스타인] 난민 문제에 책임이 없다는 것을 보여주기는커녕, 정보부의 보고서는 노골적 사실과 분석으로 채워져 있다.

그리고 정치적·도덕적으로 껄끄러운 직접 퇴거 명령에 의존하지 않고 팔레스타인인들을 더 많이 몰아낼 간접적 방법에 대한 '조언' 이상의 내용을 담고 있다. …

그 보고서에 따르면, 1947년 11월 29일 유엔 분할안이 적용되기 직전에 유대 국가에 편입될 지역에는 아랍인 마을 219개와 아랍인 도시, 또는 부분적으로 아랍인들로 구성된 도시 4개가 존재했고 아랍인 총 34만 2000명이 거주하고 있었다. 6월 1일까지 이들 마을이나 도시 180개가 소개疏開되면서, 아랍인 23만 9000명이 유대 국가 지역에서 탈출했다. 그뿐 아니라 유엔 분할안이 팔레스타인 아랍 국가로 설정한 지역에서도 70개 마을, 3개 도시(자파, 예닌, 아크레)와 예루살렘에서 아랍인 15만 2000명이 집을 버리고 도망쳤다. 따라서 그 보고서에 따르면 6월 1일까지 총 난민의 규모는 (10~15퍼센트 정도의 오차를 감안하더라도) 39만 1000명에 달했다.

계속해서 정보부 보고서는 여러 요인을 자세히 분석하고 설명하면서, "[하가나와 이스라엘군의 ― 지은이] 적대적인 작전이 이러한 인구 이동의 주된 원인이었다는 사실은 의심의 여지가 없다" 하고 강조했다. 그 보고서는 각 지역의 이주 물결은 "이들 지역에서 우리[하가나와 이스라엘군 ― 지은이]의 작전이 강화되고 확대된" 결과였다고 설명했다. 5월에 유대인들의 대규모 작전이 크게 증가했고 그에 따라 아랍인들의 대규모 이주도 확산됐다. "영국의 철수는 … 물론 [아랍인들을 ― 지은이] 소개疏開하는 데 일조했다. 그러나 영국의 철군은 [아랍인들의 ― 지은이] 이주에 직접 영향을 미쳤다기보다는 우리가 자유롭게 행동할 수 있는 여지를 넓혀 준 듯 하다."

정보부는 대규모 이주가 언제나 유대인들의 공격 때문만은 아니었다고 기록한다. 이주에 영향을 미친 것은 "주로 심리적" 요인들이었다. 보고서는 "겁주기", 즉 끊임없는 대포 소리와 대형 스피커를 사용한 협박 메시지 방송 등이 [팔레스타인인들의] 도피를 촉진한 요인들이었다고 지적했다.

한 마을이나 도시에 대한 공격은 이웃 지역에 영향을 미쳤다. 그 보고서에는 "우리가 공격해 한 마을이 집들을 버리고 떠나면 그 주변 마을도 연이어 [도망쳤다 ― 지은이]" 하고 나와있다. 특히 커다란 마을이나 도시가 점령됐을 경우 더 그랬다. "티베리아스, 사파드, 사마크, 자파, 하이파, 아크레가 함락되자 거대한 이주 물결이 일었다." 그 작전이 유발하고자 한 심리적 효과는 '천장에 불이 붙는다면 벽면의 이끼는 어찌 되겠는가'[탈무드의 한 구절]였다.

정보부는 데이르 야신에서 벌인 진압 작전과 [1948년 3월 말 텔아비브 북쪽 ― 지은이] '셰이크 무와니스에서 [아랍인 ― 지은이] 저명인사 다섯 명을 납치한 사건'의 '특수 효과'를 예로 든다.

"특히 데이르 야신 전투는 아랍인들에게 심리적으로 커다란 영향을 미쳤다. 우리[하가나와 이스라엘군 ― 지은이]의 공격으로 즉각 피난 행렬이 이어지자 특히 중부와 남부 지역의 사람들은 공포의 도가니에 빠졌고 피난길에 올랐다. 이 때문에 데이르 야신 전투는 결정적인 가속 요인이라고 할 수 있다."

그 보고서는 (1948년 6월까지) 난민이 유입된 국가나 지역에서 이들이 흡수되는 방식을 살피는 것으로 끝난다. 대체로 부유한 아랍인들은 별다른 문제없이 적응할 수 있었다. 그러나 대다수 이주민들은 가난한 사람들이었다. 대부분 가재도구조차 챙기지 못한 채 떠나왔고, 이 때문에 "심각한 적응 문제"가 발생했다. …

일부 이스라엘인들은 분노한 난민들이 군인이 돼 이스라엘에 맞서 싸우기 위해 돌아오지 않을까 두려워했다. 정보부는 이런 위험이 낮다고 분석했다. "아랍 이주민은 투사로 변신하지 않았다. 지금 그들의 유일한 관심은 [구호 사업을 위해 ─ 지은이] 돈을 모으는 것이다. 이들은 전투를 준비하기보다는 체념하며 가장 비참한 형태로 살아가길 택했다."[5]

나중에 1986년 이스라엘에서 출판된 한 책에서 전직 이스라엘 정보부 지휘관은 데이르 야신 주민들을 공격하려는 이르군의 의도를 이스라엘군이 사전에 알고 있었다고 썼다. 엄연히 데이르 야신 주민들은 그 지역의 유대인 정착민들과 평화 협정을 체결했는데도 말이다. 그 책을 쓴 Y 레비는 당시 데이르 야신 주민들에게 미리 경고하자고 상관에게 요청했지만 거부당했다.[6]

주변 아랍 국가들이 팔레스타인인들을 도울 수는 없었을까? 확실히 이 나라들은 온갖 종류의 '선전 포고'를 해댔다. 그리고

1948년 5월 14일 벤 구리온이 이스라엘 건국을 선언하자, 아랍 국가들은 아랍연맹이 "침공당했다"고 주장하면서 한데 뭉쳤다.

그러나 실제 행동은 말과 완전히 달랐다. 군사적 충돌은 발생했지만, 주요 아랍 정부들은 이미 이스라엘과 협상 중이었다. 영국은 여전히 강력한 영향을 미치고 있었고 아랍연맹은 그 지배하에 있었다.

어쨌든 봉건 지배 가문들은 싸울 의지가 전혀 없었다. 트랜스요르단[오늘날 요르단] 국왕 압둘라는 '전쟁'이 시작되자마자 [히스타드루트 출신으로 후에 총리가 된] 골다 메이어를 영접했다. 압둘라가 메이어와, 그리고 나중에 [하가나 교관 출신으로 후에 이스라엘군 최고사령관이 된] 모세 다얀과 협상을 벌인 것은 그의 진정한 의도가 무엇이었는지 밝히 보여 줬다.[7] 그는 시온주의자들이 유엔 분할안을 사보타주하는 것을 도왔을 뿐 아니라 그 자신도 [팔레스타인의] 요르단강 서안 지구를 점령했다. 압둘라의 군대는 아랍연맹에서 가장 잘 훈련받은 군대였다. 시작부터 그가 보인 모호한 태도는 다른 아랍 나라 군대의 사기를 저하시켰다.

무사 알라미는 팔레스타인 지도자로 주변 도움을 구하려고 직접 뛰어다녔다. 그는 당시 아랍 정부들의 무능, 무지, 혼란을 똑똑히 볼 수 있었다.

시리아 대통령은 그에게 다음과 같이 장담했다. "우리 군대와 군

장비는 최상의 상태이며 소수 유대인쯤이야 쉽게 처치할 수 있다고 말할 수 있어 기쁩니다. 우리는 심지어 핵폭탄도 보유하고 있다고 자신 있게 말할 수 있습니다." 못 믿겠다는 무사의 표정을 보고 그는 계속 다음과 같이 말했다. "그래요, 우리가 직접 만들었습니다. 우리는 다행히도 아주 솜씨 좋은 양철공을 찾을 수 있었습니다." 무사는 다른 곳에서도 지독하게 안이하고 멍청한 이들을 만났다. 이라크 총리는 그에게 유대인들을 바다로 쓸어버릴 '빗자루 몇 개'만 있으면 충분하다고 말했다. 카이로에서 만난 [사우디 초대 국왕] 이븐 사우드의 절친한 친구들은 "영국이 허가만 해주면 우리는 유대인들을 쉽게 쫓아낼 수 있습니다" 하고 말했다.[8]

시온주의자들은 1948년 '독립 전쟁'에서 유대인 60만 명이 아랍인 4000만 명에 맞서 싸웠다는 사실을 강조한다. 그러나 실제 사실은 그와 사뭇 다르다. 다섯 아랍 나라를 대표하는 아랍연맹의 군대는 모두 합쳐 1만 5000명뿐이었고, 가장 강력한 무기도 기껏해야 경탱크 22대와 스핏파이어* 10대가 고작이었다. 시온주의자들은 정규군 3만 명과 보충병 3만 2000명뿐 아니라 정착촌 경찰 1만 5000명과 자경단 3만 2000명을 보유하고 있었다. 더욱이, 3000~5000명 규모의 이르군도 있었다.

---

* 제2차세계대전 당시 영국의 주력 전투기였다.

영국 식민 당국은 시온주의자들과 아랍 군대 중 누가 전투에서 이길지 처음부터 알고 있었다. 전쟁 발발 2년 전에 팔레스타인 주둔 영국군 사령관 다르시 장군은 다음과 같이 상황을 요약했다.

"만약 당신이 영국군을 철수한다면, 하가나가 당장 팔레스타인 전역을 점령할 것입니다" 하고 그는 단호하게 말했다. 그러나 그런 상황에서 하가나가 팔레스타인을 사수할 수 있을까? 그가 대답했다. "물론입니다. 하가나는 아랍 세계 전체에 맞서 팔레스타인을 사수할 수도 있습니다."[9]

마침내 유엔은 포크 베르나도트 공작을 중재자로 파견해 [전쟁 이전의 상태로] 유엔 분할안을 집행하려 했다. 그가 팔레스타인에 도착해서 목격한 것은 아랍인의 집, 상점, 토지가 엄청난 규모로 강탈당했다는 것이었다. 토지의 80퍼센트, 감귤 과수원의 50퍼센트, 올리브 과수원의 90퍼센트, 상점 1만 개가 강탈당했다. 실제로 베르나도트는 나름 팔레스타인인들을 도우려 했다. 그는 일련의 만행을 기록했고, 시온주의자들의 몇몇 주장에 도전했다. 시온주의자들은 그의 노력에 보답했다. 9월 17일 스테른 갱 단원들이 그를 암살한 것이다. 오늘날[1986년] 이스라엘 부총리 이츠하크 샤미르도 스테른 갱 출신이다.

전 세계에서 이 암살에 항의하는 시위가 벌어지자 1949년 1월 이스라엘은 휴전했다. 그러나 전쟁의 결과는 명백했다. 이미 이스라엘이 팔레스타인의 80퍼센트를 점령한 것이다. 바이츠만이 지적했듯이, 팔레스타인인들의 대탈출은 "우리의 과제를 손쉽게 만든 기적과도 같은 일"이었다.[10]

다시 말해, 이스라엘 국가는 약 75만 명이 넘는 팔레스타인인들을 내쫓고 그 위에 건설된 것이다.

7장
팔레스타인 해방을 위한 투쟁

시온주의는 팔레스타인 지역에 소수 아랍 유목민들이 살았다 하더라도 그 지역은 대부분 사막이었다는 신화를 유포한다. 이 신화는 시온주의 기업의 최대 업적 중 하나가 이 사막을 옥토로 만든 것이라고 주장한다. 키부츠에서 재배되는 포도와 오렌지가 전 세계로 수출된다는 사실이 그 증거라는 것이다.

이 주장은 전혀 진실이 아니다. 이스라엘이 농업에 쏟아 부은 노력을 상징한다는 자파 오렌지는* 정반대 사실을 보여 준다. 오렌지 과수원들과 포도밭은 수백 년 동안 그 땅을 일군 팔레스타인 농민들한테서 강탈한 것이다. 적어도 18세기 초부터 자

---

* 알이 크고 껍질이 두꺼운 이스라엘산 오렌지를 말한다.

파에는 오렌지 과수원들이 있었다. 1880년 오렌지 과수원들을 모두 아랍인들이 소유하고 있었을 때 거기에는 오렌지 나무가 76만 5000그루 있었다. 여기서 수확한 오렌지 3000만 개가 대부분 유럽으로 수출됐다.[1]

팔레스타인 농민들은 역사를, 그것도 자랑스런 역사를 갖고 있었다. 이들은 처음부터 시온주의 침입자들에 분개했다. 그렇다고 이들이 [원래] 팔레스타인에 살던 유대인들에도 분개했다는 말은 아니다. 몇 안 되는 유대인 공동체들이 아랍 각국에 흩어져 수백 년 동안 살고 있었다. 19세기 초 영국이 오스만 제국 안에 거점을 확보하기 위한 노력의 일환(이른바 '동방 문제')으로 소수 유대인들을 '보호'하기 시작하면서 반감이 형성됐다.[2] 왜냐하면 시온주의 침입자들은 새로운 지배자, 즉 영국 제국이 팔레스타인인들에게 보낸 불청객으로 비쳤기 때문이다.

1920년대 내내 팔레스타인인과 시온주의자 사이에, 그리고 팔레스타인인들과 영국 식민 당국 사이에 주기적으로 충돌이 벌어졌다. 팔레스타인인들은 영국 식민 지배와 시온주의 정착촌이 끊임없는 확대되는 것 때문에 자신들의 권리가 침해당한 것에 분개했다. 폭력이 끊이지 않았다. 1920년대 수준으로 유대인이 계속 이주해 온다면 15~20년 안에 팔레스타인인들은 자기 땅에서 소수 민족으로 전락할 판이었다. 특히 1929년에 예루살렘에서는 아랍인과 유대인 사이에 격렬한 전투가 벌어져 아랍인과 유대인 수백 명이 죽었다. 아랍인들은 대부분 영국 병사들에게 살해당했다.

그러나 영국 식민 지배 동안에 발생한 가장 중요한 사건은 단연 1936년 팔레스타인 총파업이었다.

1936년 총파업은 영국 지배에 정면으로 도전했다. 주된 구호는 '팔레스타인 독립!'이었다. 그리고 이 반란에는 팔레스타인 민족 전체가 연루됐다. 모든 도시, 읍, 마을에서 파업을 지지하는 조직들이 등장했다. 아랍 노동자들은 파업을 했다. 아랍 상점, 기업, 시장은 문을 닫았다. 수송과 통신이 중단됐다.

영국 식민 당국은 깜짝 놀랐다. 영국은 지역 지도자들을 대거 체포했지만 파업은 계속됐다. 파업이 견고하게 지속됐던 자파에서는, 고대 성벽으로 둘러싸인 도시를 중심으로 파업이 조직됐다. 영국 군대는 도시 거주 지역을 봉쇄하고는 가옥 수백 채를 파괴했는데 후에 시온주의자들은 바로 이 전술을 재현했다.

1936년 6월 영국 고등판무관은 팔레스타인이 "혁명의 초기 상태에 접어들었다"고 보고했다. 그는 "주요 도시와 간선도로와 고속도로를 제외하고는 무법 상태라 거의 통제할 수 없다" 하고 보고했다.[3] 체포된 팔레스타인인들은 2500명이 넘었고, 살해된 사람도 1000명이 넘었다.

7월에 영국은 팔레스타인에 계엄령을 선포하고 영국 본국에서 더 많은 병력을 데려와 투입했다. 시온주의자들은 이를 지원했다. 2만 명이 넘는 영국 군대가 팔레스타인 지역을 감시했다. 탱크와 기관총을 실은 배가 도착했다. 영국 공군이 시골을 폭격하기 시작했다. 영국은 시온주의 정착민들을 '특수 야간 부대'로 조직해 팔레스타인 마을들을 공격했다. 시온주의 군대인 하가나는 처음으로 실전 경험을 쌓았다.

영국은 트랜스요르단[오늘날 요르단] 국왕 압둘라와 이라크 국왕 파이잘에게 개입을 요청했다. 압둘라와 파이잘의 개입에 반대하는 시위가 벌어졌음에도 이 전술은 유효했다. 팔레스타인 지도부, 특히 예루살렘 종교 지도자 무프티는 국왕들과 마찬가지로 봉건 계층 출신들이었다. 팔레스타인 지도부는 민족 독립 전쟁을 전면적으로 벌일 생각이 없었다.

팔레스타인인들은 자신들 혁명사의 중요한 전환점과 승리, 패배를 시로 남기곤 했다. 팔레스타인 시인 아부 살마는 국왕들에 대해 다음과 같이 노래했다.

왕들이 이토록 무기력하다니 창피하도다.

맹세코, 왕관이 신발짝만도 못하구나.

우리 고국을 지키고 그 상처를 치료할 사람들은 바로 우리 자신이라네.[4]

그러나 투쟁은 결코 끝난 게 아니었다. 총파업이 끝났음에도 (6개월간 지속된 세계 최장기 총파업이었다) 저항의 분위기는 지속됐다. 1937년에 영국이 자신의 통제하에 팔레스타인 지역을 분할하겠다고 발표하자 그런 분위기는 더한층 고조했다.

1937년 여름 게릴라 전투가 산악 지대까지 확산됐고, 반란이 전국을 휩쓸었다. 투사들은 대부분 농민이었다. 영국은 도시에서 농민의 전통 스카프인 케피예를 두른 사람은 눈에 띄는 즉시 모조리 체포했다. 한 영국 장군이 "민간 행정과 국가 통제가 사실상 불가능하다" 하고 보고할 만큼 도시 지역도 불안정해졌다.[5]

4개월 동안 영국은 가옥 5000채를 파괴했고, 1000명 이상을 투옥했으며(이미 3000명이 감옥에 있었다), 아크레 감옥에서만 재소자 148명을 처형했다.

이 시기는 팔레스타인인들이 영국 제국주의를 자기 나라에서 몰아내려는 투쟁의 절정이었다. 그것은 또 시온주의자들의 정착촌이 영국 제국의 확장이라는 사실을 냉혹하게 보여 준 것이기도 했다. 시온주의자들은 영국과 힘을 합쳐 싸우면서 팔레스타인인들의 의지를 꺾으려 애를 썼다.

그러나 이것은 궁극적으로 '아랍인'과 '유대인' 사이에 벌어진 투쟁이 아니었다. 이것은 영국이 중동의 전략적 요충지를 계속 지배하기 위한 투쟁이었다. 제2차세계대전이 가까워지자 영국 식민 당국은 팔레스타인인들에게 일시적 양보를 해야 했다. 유대인 이주의 상한선을 정하고, 모호하긴 하지만 팔레스타인 독립을 약속했다. 이런 양보는 빈약하긴 하지만 팔레스타인인들의 투쟁의 성과였는데, 팔레스타인에 '질서를 재확립'하려면 사실상 영국 제국 군대의 3분의 1이 필요했기 때문이다.

1939년까지 팔레스타인인 2만 명이 죽거나 다쳤으며, 수천 명이 투옥되거나 추방당했다. 많은 베테랑 투사들과 조직 노동자들이 총살당했다. 영국은 마침내 운동의 핵심을 파괴했다. 그러나 그 정신은 살아 남았다. 1936년은 팔레스타인 혁명의 상징이 될 터였다.

제2차세계대전이 끝난 뒤에는 완전히 다른 조건 위에서 투쟁이 부활했다. 이제는 미국이 시온주의자들의 야망을 부추기는 데 이해관계를 갖고 있었다. 영국은 겁에 질려 도망갔고, 아랍 국가들은 팔레스타인인들을 지원하려 하지 않았다. 시온주의자들은 홀로코스트의 충격 때문에 세계 여론(과 특히 무기 자금)을 동원할 수 있었다. 미국은 홀로코스트 생존자들을 쉽게 받아들일 수 있었음에도 그렇게 하지 않았다. 오히려 영국이 50년 전에 깨달았듯이, 유럽 반유대주의의 비극적 희생자들을 아랍으로 내몰아 거기서 서방 제국주의의 이익을 공격적으로 대변하도록 만드는 것이 이익이라는 것을 미국도 알게 됐다. 미국의 문은 굳게 닫혀 있었다.

팔레스타인인들은 고립됐으며, 슬픈 대탈출이 시작됐다.

팔레스타인의 망명 작가 하산 카나파니는 '슬픈 오렌지의 땅'
이라는 제목이 붙은 이야기에서 자기 가족이 자파에서 탈출한
일을 묘사하고 있다. 그는 다음과 같이 회상했다.

오렌지의 땅을 뒤로 한 채 레바논의 꾸불꾸불한 길을 따라 이동
하는 짐마차 행렬이 길게 이어졌다. 그때 나는 눈물을 흘리며 흐
느껴 울기 시작했다. 어머니는 오렌지 나무를 물끄러미 바라보기
만 했고, 아버지의 눈동자엔 유대인들에게 넘겨준 오렌지 나무들
이 비치고 있었다. … 아버지의 눈에서는 주체할 수 없는 눈물이
흘러나와 반짝거리고 있었다. … 그날 오후 [레바논 도시] 시돈에
도착한 우리는 이제 집도 절도 없는 신세가 됐다.[6]

팔레스타인 지역의 파괴와 팔레스타인인들의 강제 추방은 서
방에서 '난민 문제'로 부각됐다. '난민'이 굶어죽는 이야기가 마
침내 서방 언론 헤드라인을 장식했다. 팔레스타인에서 추방당한
약 75만 명(요르단에 46만 명, 가자 지구에 20만 명, 레바논에
10만 명, 시리아에 8만 5000명)의 궁핍은 이루 말할 수 없을 정
도였다. 이들 아랍 국가들은 찢어지게 가난했고, 아랍의 도시들
도 일자리를 찾는 사람들로 득실거렸다. 시온주의자들의 주장
에도 불구하고, 아랍 국가들이 '난민'을 수용할 책임은 전혀 없
었다.

마침내 1949년에 유엔이 나섰다. 유엔은 팔레스타인 난민구제사업국UNRWA을 설립하고 자원 단체들한테서 난민촌 60개의 운영권을 넘겨받았다. 난민구제사업국은 난민들을 살려놓긴 했지만 그뿐이었다. 공식적으로 난민으로 인정받으면 1년에 약 37달러를 받았다. 개개인들의 신분증에는 영구 난민 표시가 찍혀 있었다.

그러나 난민의 처지나 시온주의자들한테 당한 수모조차 팔레스타인 반란의 기억을 지우지 못했다. 팔레스타인 시인 파와즈 투르키는 다음과 같이 적었다.

우리가 걸치고 있는 누더기가 항복을 뜻하는 백기白旗처럼 보였겠지만, 난민촌 밖에서 우리를 바라본 사람들은 (동정심을 지닌 서방 관광객은 말할 것도 없고) … 우리의 속내를 알지 못한다. 점차 커지고 있는 우리 내면의 감정을 말이다. 바로 희망이다.[7]

임시 학교 교사들은 '귀신에 홀린 것처럼' 열정적인 학생들을 만나곤 했다. 이스라엘에 대한 저항을 알리는 닳아빠진 신문이나 리플릿이 이 텐트에서 저 텐트로 돌아다녔다. 팔레스타인인들은 오로지 한 가지 일, 즉 고향으로 돌아가는 것만을 준비하고 있었다. 〈라이프 매거진〉은 1951년에 다음과 같이 보도했다.

난민들이 원하는 것은 잃어버린 땅에 대한 보상이 아니다. 그들은 고향으로 가고 싶어한다. … 레바논 국경선 근처의 메이룬(이스라엘 영토)에서 온 야윈 얼굴의 사이드 케와쉬는 "내 생각은 결코 바뀌지 않을 겁니다" 하고 말했다. 마우드 살렘도 이에 동의했다. 그는 자기 집 열쇠를 호주머니에 넣어 다니고 있으며, 자신이 죽으면 열쇠도 함께 묻어달라고 아들에게 부탁했다고 말했다.[8]

그 1년 전에는 난민 2만 5000명이 난민구제사업국에 항의해 단식 투쟁을 벌이며, 팔레스타인 밖에서 정착하느니 차라리 굶어 죽겠다고 말했다.

팔레스타인인들이 정착한 아랍 도시들에서 이들은 점차 성장하던 급진 민족주의 운동에 가담했다. 이 운동은 미국의 중동 개입에 반대하는 시위를 조직하고 있었다. 이스라엘에 협력했던 요르단 국왕 압둘라 같은 꼭두각시 아랍 지배자들의 진정한 구실이 1948년 이후 밝히 드러나자, 이들에 대한 증오가 커져만 갔다. 1951년에는 요르단에서 압둘라에 반대하는 시위들이 벌어졌다. 그 해에 한 팔레스타인 재봉사가 압둘라를 쏴 죽였다.

1950년대 내내 아랍의 민족주의 의식이 성장하고 발전했다. 영국과 프랑스 제국주의는 아프리카와 아시아 전역에서 대중적 기반을 지닌 무장 민족해방운동에 거듭거듭 패배했다. 이런 분위기가 중동의 아랍 각국으로 들불처럼 번져갔다. 중동 나라들은 명목상으로는 독립했지만 서방의 봉건 꼭두각시들이 지배하고 있었다. 1951년 이란 모사데크의 몰락은* 미국 중동 정책의 진면목을 보여 주었다. 미국이 이스라엘을 후원한 것은 미국의 무쇠 주먹을 보여 준 또 다른 사례였다.

새롭고 독립적인 아랍 민족주의가 분출한 가장 중요한 곳은 이집트였다. 이집트는 중동에서 인구가 가장 많은 나라일 뿐 아니라 전통적으로 급진 사상과 좌익 사상이 가장 널리 퍼진 나라였다. 1952년에 급진파 장교 나세르가 권력을 장악하고 봉건 왕정을 무너뜨렸다. 그는 서방과 이스라엘을 격렬하게 비난했다. 1956년 그가 수에즈 운하를 국유화하자 그는 중동에서 반제국주의의 상징이 됐다. 레바논에서는 내전이 발발하고, 요르단 수도 암만에는 [국왕] 압둘라의 후계자이자 손자인 후세인을 지원하기 위해 영국 공수부대가 투입되는 등 중동 전역이 일촉즉발의 상황에 처하게 됐다.

그러나 1967년 전쟁[제3차 중동전쟁]에서 나세르가 이스라엘에 패배하자, 그의 급진 민족주의는 제약을 받게 됐고 나세르의 영도 아래 아랍 세계를 통일하려는 거듭된 노력도 실패하게 됐다.

———

* 1951년에 이란 총리 모사데크는 영국이 지배하던 이란 석유 산업을 국유화했다. 이후 미국중앙정보국과 영국 정보기관이 공모해서 쿠데타를 일으키고 샤를 다시 권좌에 앉혔다.

그리고 나세르가 비록 시온주의에 맞선 팔레스타인 저항의 상징이 됐고 시온주의자들에 맞서 전쟁을 끊임없이 호소했음에도 그의 말은 점차 공허하게 들렸다.

팔레스타인인들은 자신들이 서방 제국주의의 희생양이었음을 분명히 깨달았고 자신들의 투쟁이 더 넓은 아랍 민족 혁명의 일부라고 생각했다. 그러나 팔레스타인인들은 다른 아랍 지배자들에 의존하는 것이 궁극적으로 구원을 가져다줄 수 있을까 하는 의문을 갖게 됐다.

[후에 팔레스타인해방기구를 구성하는 단체인] 파타(아랍어로 '승리'라는 뜻)의 새 비밀 기관지 〈팔라스텐〉이 난민촌과 아랍 도시의 팔레스타인인 거주 지역에 나돌면서 '자립'이 구호가 됐다. 파와즈 투르키는 새로운 분위기를 다음과 같이 묘사했다.

내가 아버지와 논쟁을 하거나 … 절망적인 심정으로 나세르의 사진을 벽에서 떼어내 침을 뱉으면 집안에는 긴장감이 돌았다. 나는 불행한 아버지가 그 희망의 상징에 계속 매달리는 것을 두고 볼 수 없었다.⁹

1963년 4월 15일 자 〈팔라스텐〉은 새로운 입장을 다음과 같이 요약했다.

팔레스타인인들은 모든 식민주의 계획을 거부할 것을 결의한다. … 우리는 팔레스타인으로 돌아갈 수 있는 유일한 수단이 무장투쟁뿐이라고 굳게 확신한다. … 우리는 무기력과 외교, 패배주의에 빠진 아랍 정부들이 우리를 대표하도록 허용하지 않을 것이다. 아랍 정부들이 우리에게 덧씌운 굴레를 깨뜨려야만 우리는 예전의 페다인[투사 — 지은이]으로 되돌아갈 수 있다.[10]

파타는 몇몇 무장 게릴라 단체 중 가장 큰 조직이 됐다. 이들은 난민촌과 아랍 도시에서 조직원을 충원했다. 이스라엘에 독자적 무장 투쟁으로 대항하자는 새로운 분위기가 뿔뿔이 흩어진 모든 팔레스타인인들 사이에 널리 퍼졌기 때문에 자원자가 끊이질 않았다. 파타의 정치 사상은 마르크스, 레닌, 마오쩌둥, 체 게바라, 호치민의 사상이 뒤섞인 것이었다. 십중팔구 중국의 마오쩌둥, 쿠바의 체 게바라, 베트남의 호치민과 가장 밀접한 '인민 전쟁' 사상이 가장 강력했을 것이다.

나세르와 아랍의 여러 지배자들은 새로운 팔레스타인 운동에 대한 통제권을 상실할까 봐 1964년에 정상회담을 소집했다. 그들은 팔레스타인해방기구라는 새 조직을 구성해 게릴라 조직들을 통제하려 했다. 그럼에도 새로운 운동을 완전히 보수적 영향력하에 둘 수는 없었다. 1965년 1월 1일 파타의 한 무장 부대가 처음으로 이스라엘을 공격했다.

팔레스타인인들이 또 다시 아랍의 난민으로 부각되고 있었다. 여러 해 동안 시온주의자들은 이 사실을 부인하려 애썼다. 1969년에도 [당시 이스라엘 총리] 골다 메이어는 〈타임스〉에서 다음과 같이 말했다.

팔레스타인 문제 따위는 존재하지 않는다. 팔레스타인인들이 살고 있었는데 우리가 들어와 그들을 내쫓고 그들의 국가를 빼앗은 것도 아니다. 그들은 존재하지도 않았다.[11]

그러나 팔레스타인 게릴라 투쟁은 이런 신화를 박살냈다. [제3차 중동전쟁이 벌어진] 1967년에 아랍 국가들이 이스라엘에 두번째 재앙적 패배를 당하고 이스라엘이 더 많은 아랍 영토를 점령해 1967년 전보다 3배나 넓은 영토를 차지하자 팔레스타인 무장 투쟁이 팔레스타인인들을 각성시키기 시작했다. 게릴라 조직들이 처음으로 대중의 지지를 얻었다. 팔레스타인해방기구 초대 지도부가 물러나고 페다인 조직들이 그 지도권을 넘겨받았다. 1970년대에는 전 세계가 팔레스타인인들에 관한 소식을 들었다. 시온주의자들은 더는 팔레스타인인들이 존재하지 않는 것처럼 가장할 수 없었다.

1968년 3월 팔레스타인 게릴라 200명이 요르단의 소도시 카라메에서 이스라엘 군대에 맞서 12시간 동안 전투를 벌였다. 하룻밤 사이에 페다인이 아랍 세계 전역의 영웅이 됐다. 불길에 휩싸인 이스라엘 탱크들 사진이 아랍 언론에 등장했다. 심지어 [요르단] 국왕 후세인조차 "이제부터 우리는 모두 페다인이다" 하고 선언하지 않을 수 없었다.[12] 새 지원자들이 몰려들면서 게릴라 조직들이 번성했다. 그러나 요르단 국왕의 연대는 없는 편이 더 나았다.

후세인이 보는 눈 앞에서 새로운 사회의 씨앗이 자라고 있었고 자신의 지배를 위협하고 있었다. 요르단 관리들은 '팔레스타인 민족'을 위한 물품들이 [요르단 수도] 암만에 도착하는 것을 지켜봤다. 베트남 등지의 민족해방운동 세력들이 보낸 원조가 요르단으로 들어왔다. 암만에서 게릴라들은 독자적인 군사 검문소, 신문, 사무실 들을 운영하고 있었다.

후세인은 팔레스타인인들이 자신을 타도하고 싶어한다는 사실을 알고 있었다. 요르단은 제1차세계대전 직후 영국이 역사적 팔레스타인에서* 떼어내 만든 나라였고, 후세인의 할아버지는 1948년에 요르단강 서안 지방을 합병했다. 요르단 국민은 대부분 팔레스타인인이었다.

1968년 11월 후세인의 군대가 암만에 있는 팔레스타인 사무

---

* 2000년 이상 팔레스타인인들이 거주한 지역으로, 오늘날 이스라엘과 요르단 등을 포함한다.

실들과 난민촌 세 곳을 공격했다. 난민촌에 있던 몇 명이 죽었지만 페다인은 이 공격을 물리쳤다. 이집트의 나세르는 요르단의 '주권'을 침해할 수 없다며 후세인을 비난하기를 거부했다.

이 사건과 아랍 국가들이 한 구실 때문에 팔레스타인 투쟁에서 아랍 정부들이 하는 구실을 둘러싸고 게릴라 조직 내에서 논쟁이 벌어졌다. 최대 조직인 파타는 혁명이 아랍 국가들에 공공연하게 도전하면 이스라엘에 대항할 근거지를 잃을 수 있다고 주장했다. 파타보다 작지만 더 좌파적인 두 조직, 즉 팔레스타인해방 민중전선PFLP과 민주전선DFLP은 아랍 정권들에 도전하는 것말고 달리 선택의 여지가 없다고 주장했다(그렇지만 민중전선는 '진보적' 아랍 정권들이라는* 문제는 회피했다). 파타가 사실상 논쟁에서 이겼지만, 그 논쟁은 앞으로 15년 동안 팔레스타인해방기구의 전략에서 끊임없이 나타나게 될 핵심 오류를 미리 보여 준 것이었다.

한편, 후세인은 요르단에 있는 팔레스타인 게릴라들을 분쇄할 준비를 하고 있었다. 나세르는 미국의 '로저스 플랜'에 동의해 줌으로써 이미 팔레스타인인들의 등에 비수를 꽂은 뒤였다. 로저스 플랜이란 1967년 전쟁[제3차 중동전쟁]에서 이집트가 이스라엘에 빼앗긴 영토를 되돌려 받는 대가로 이집트는 1967년 이

----

* 이집트, 시리아 등 반제국주의적 수사를 사용한 나라들을 말한다.

전의 이스라엘 국경선을 인정한다는 것이었다.

마침내 1970년 9월 후세인은 팔레스타인인들에 대한 전면 공격을 감행했다. 훨씬 더 좋은 무기로 무장한 후세인은 미국산 네이팜탄을 투하해 팔레스타인인들을 굴복시킬 수 있었다. 팔레스타인인들은 자신들이 아랍 정부와 전쟁을 벌이고 있음을 깨달았다. 그리고 이런 전쟁은 그 뒤에도 계속됐다.

후세인이 승리했고 엄청난 희생이 뒤따랐다. 1년 넘게 계속된 전투에서 팔레스타인인 수천 명이 살해됐다.[13] 후세인은 요르단에 있는 팔레스타인 기지는 파괴했지만, 그들의 조직 자체는 결코 파괴할 수 없었다. 그러나 그 상처는 매우 깊었다.

새로운 절망감이 많은 팔레스타인 청년들의 사고를 지배했다. [후세인의] 군대와 대치하게 된 그들은 훨씬 더 극단적이고 영웅적인 군사 행동이 필요하다고 믿게 됐다. 많은 팔레스타인인들은 후세인이 공격한 달을 '검은 9월'이라고 불렀다. 그리고 소수는 어떤 대가를 치르더라도 보복을 하겠다며 '검은 9월단'이라는 새 조직을 만들었다. 암살, 비행기 납치, 인질극이 그들의 특징이 됐다.

이들의 많은 행동이 팔레스타인인들의 대의에 조금도 도움이 되지 못하고 오히려 서방이 팔레스타인인들에게 '테러리스트'라는 딱지를 붙이는 데 일조했음에도, 대부분의 팔레스타인인들이 '검은 9월단'의 형성 동기를 아주 잘 알고 있었다는 사실은 변함이 없다. 또, 팔레스타인인들은 자신들의 '테러'보다 자기 나라 전체를 강탈한 시온주의자들의 테러가 비할 바 없이 크다는 점도 잘 알고 있었다.

1973년 석유 보이콧은* 팔레스타인 운동을 엄청나게 지지하는 것처럼 보였다. 석유 보이콧은 서방을 충격에 빠뜨렸으며, 그래서 미국이 '평화적 해결책'을 찾아 나서도록 만들었다. 1974년에 팔레스타인해방기구 의장 야세르 아라파트는 한 손에 총, 다른 손에 올리브 가지를 든 채 유엔에서 첫 연설을 했다. 그러나 이것은 팔레스타인인들의 주장을 전 세계에 알리는 상징이었을지 모르지만, 어떤 양보도 끌어내지 못했다. 미국의 '평화 협상'은 캠프 데이비드 협정으로 이어졌다. 이 협정으로 이집트는 이스라엘과 훨씬 더 가까워졌지만, 팔레스타인인들은 더 한층 약해졌다.

한편, 진정한 전쟁터는 레바논으로 옮아갔다. 레바논에 관한 설명은 복잡하지만, 여기서 우리의 관심은 팔레스타인인들이 어떻게 또 다른 아랍 열강, 즉 이번에는 시리아 지배자 아사드에게 배신을 당했는가 하는 점이다. 당시 시리아는 급진 아랍 민족주의의 지도자로 자처하고 있었다. 게다가 시리아는 레바논

---

* 1973년 제4차 중동전쟁에서 미국이 이스라엘을 지원한 것에 항의해 중동 산유국들이 석유 생산을 줄인 것을 말한다.

이 역사적으로 시리아의 영토라고 주장하고 있었고, 스스로 레바논의 막후 실세를 자처하고 있었다.

1975년 레바논에서는 내전이 벌어졌다. 전통적으로 레바논을 지배했던 기독교 우파 세력과 무슬림 좌파가 맞붙은 것이다.

팔레스타인 게릴라 운동은 '검은 9월' 사건 뒤인 1970년대 초에 그 본부를 레바논으로 옮겼다. 이스라엘에서 추방당한 팔레스타인인 수십만 명이 레바논에 살고 있었다. 그래서 레바논은 자연스럽게 본거지가 될 수 있었다. 처음에 팔레스타인인들은 레바논 내전에 전면 개입하지는 않았다. 그러나 곧 그럴 수밖에 없게 됐다.

레바논 좌파와 팔레스타인인들이 결합하자 매우 강력한 힘을 발휘했다. 사실 너무 강력했기 때문에, 6년 전 요르단에서처럼 팔레스타인인들이 레바논을 차지하는 세력의 한 축이 될 것이라는 전망이 나올 정도였다. 1976년 6월 아사드가 개입했다. 수만 명의 시리아 군대와 수백 대의 탱크가 국경을 건너 레바논으로 들어왔다. 요르단에서 후세인이 그랬던 것처럼, 아사드도 팔레스타인인들이 레바논을 차지하는 것을 우호적으로 보지 않았다.

탈 알 자타르에 있던 팔레스타인 난민촌을 차지하기 위해 중요한 전투가 벌어졌다. 시리아 군대가 기독교 우파와 힘을 합쳐 53일 동안 난민촌을 포위 공격했다.[14] 또 다시 팔레스타인 수천 명이 살해됐다. '검은 9월'과 마찬가지로 '검은 6월'이라 부를 만한 이 사건에서도 매우 분명하게 드러난 사실은, 결국 우파든 '좌파'든 아랍 정권들은 팔레스타인인들 혼자 싸우도록 외면하거나 심지어는 팔레스타인인들이 너무 강력하면 그들을 잔인하게 짓밟기까지 한다는 것이었다.

1982년 레바논은 이스라엘이 팔레스타인인들을 끝장내려고 발악하는 무대가 됐다. 이스라엘이 레바논을 침공하는 동안 팔레스타인해방기구에 지속적으로 군사 지원을 한 아랍 정부는 단 한 곳도 없었다.

8장
시온주의하에서 지낼 만하다?

점령지 요르단강 서안 지구와 가자 지구의 생활

1967년 [제3차 중동]전쟁 동안에 이스라엘은 요르단강 서안 지구와 지중해 연안 가자 지구 등을 점령해 영토를 더 늘렸다. 이스라엘은 이 두 지역을 거의 25년 동안 지배해 왔다. '점령지'로 알려진 곳에 사는 팔레스타인인들의 삶이 어떤지는 노엄 촘스키의 책 《숙명의 트라이앵글》에* 생생하게 묘사돼 있다.[1] 아래는 그 책의 내용 일부를 발췌한 것이다.

신앙이 굳건한 요르단강 서안 지구의 [유대인] 정착민들은 군대의 지원을 받으며 자유롭게 활동하는데, 그들은 아랍인들 사

---

* 국역: 《숙명의 트라이앵글》, 이후, 2008.

이에 대량 학살 비슷한 분위기를 조성하는 것을 자랑스러워한다. 아랍인들이 "머리를 들지" 못하게 훈련을 시켜야만 하는데, 그것만이 그들을 다루는 유일한 방법이기 때문이라는 것이다. 아랍인들은 "힘을 숭배"하므로, 그들이 유대인들과 평화롭게 지낼 수 있는 길은 "우리가 강하다는 것을 보여 주는" 것뿐이다. 그럼 어떻게? "우리는 [아랍] 마을로 들어가 창문에 총을 약간 쏴서 주민들에게 경고를 한 뒤 정착촌으로 되돌아온다. 우리는 사람들을 납치하지는 않는다. 그러나 돌을 던진 아이를 한 명 잡아와서 조금 때려준 뒤 군대에 넘겨 뒤처리를 맡긴다." 그 요르단강 서안 지구의 정착민은 또 (아이들을 포함해) 사람들을 총으로 쏴 죽인 유대인을 보호하기 위해서 공식 조사관이 어떻게 행동하는지도 설명한다. …

정착민들은 자신들이 아랍인들을 대하는 수단을 노골적으로 정당화하면서 그 근거로 율법과 현인들의 글을 든다. 가령, 요르단강 서안 지구의 종교 정착민들이 펴내는 신문에는 다음과 같은 제목의 기사가 실린다. "우리 중에 [아랍인 ─ 지은이] 이웃들에게 인간적 태도를 취하라고 요구하는 자들은 할라카[율법 ─ 지은이]를 선택적으로 읽으면서 구체적 계율을 회피하고 있다." 이 학자풍의 필자는, 이스마엘의 자손들[팔레스타인인]을 창조한 것을 신이 유감으로 여기며 이교도들은 "당나귀 같은 민족"이라고 설명한 탈무드의 글귀를 인용하고 있다. 그는 "정복당한" 민족에 관한 율법은 명확하다고 주장하면서 마이모니데스의* 말을 인용한다. 정복당한 민족은 유대인 정복자를 "섬겨야" 하고 "비천한 신분"을 받아들여야 하며 "이스라엘에서는 머리를 들지 말아야 하고 … 정복자들의 명령에 철저하게 복종해야만 한다." 그런 뒤에야 정복자들은 그들을 "인간다운 방식으로" 다룰 수 있다는 것이다.

그는 "신이 명한 전쟁(랍비들은 레바논 전쟁을 이렇게 규정했다)에서는 남자, 여자, 아이를 죽이고, 제거하고, 괴멸시켜야만 한다"고 말한 마이모니데스를 인용하면서, "이스라엘의 율법[토라트 이스라엘 ─ 지은이]과 현대의 무신론적 휴머니즘 사이에는 아무 관계가 없다."고 주장한다. "원칙은 영원불변하며", "어떤 '인도적' 고려의 여지도 없다." 우리는 나중에 이런 현상을 더 자세히 살펴볼텐데, 그 사례가 중동 전역에 퍼져 있다.

아랍인을 공격하는 정착민을 보호하기 위해 최근 정착민의 불법적 무기 사용에 대한 조사를 모두 경찰에서 군으로 이관했다. 정착민들은 경찰에 협조하시 않으면 그만이다. 경찰은 "감히 유대인 용의자를 심문하거나 체포할" 꿈도 못 꾼다. 심지어 그 용의자가 "이스라엘 병사들이 방관하는 가운데 아랍 시위 군중을 향해 직접 총을 쏘는 모습이 텔레비전에 나온 사람"([요르단강

---

* 중세 유대주의를 대표하는 철학자·법률가·의사였다.

서안 지구] 라말라 근처 유대인 정착촌의 지역의회 의장)일지라도
말이다.

아랍인이 정착민에게 구타당하거나 감금당하면, 아랍 경찰
은 개입하기 두려워한다. "팔레스타인 변호사들은 이렇게 말한
다. 정착민들이 너무 두려워서 아랍 경찰과 법원은 정착민들과
의 충돌 사건에 관한 한 소환이나 수색도 함부로 하지 못하며,
정착민들은 법의 테두리 밖에 있다." 1982년 3월 한 아랍 마을
에서 일어난 사건이 점령의 전체적 성격을 잘 보여 준다. 정착민
4명이 이 마을에서 자신들의 차가 돌에 맞았다고 주장했다. 그
들은 "하늘을 향해" 총을 쏘아 한 소년의 팔을 맞혔다. 다른 소
년 한 명이 납치돼 두들겨 맞은 뒤 차 트렁크에 실려 유대인 정
착촌으로 끌려갔다. 거기서 방에 갇힌 채 "거의 하루 종일" 두
들겨 맞다가 라말라 군사 정부 구내로 끌려가 억류됐고 정착민
들은 집으로 돌아갔다.

점령지에 널리 퍼진 블랙 코미디는 아랍인들은 이제 그만 날
아다니고 땅 위를 걸어야 한다는 것이다. 그래야 정착민들이 하
늘을 향해 총을 쏴도 맞지 않을 테니까.

희생자는 주로 어린이와 십대다. 그들이 주로 항의와 시위에
가담하기 때문이다. 가자 지구에서 아주 어린아이 몇 명이 무장
한 정착민의 차에 돌을 던지자 정착민이 "보복"으로 어느 소년
의 다리와 한 소녀의 손을 부러뜨렸다고 대니 치드코니가 한 아

랍 마을 정보원의 말을 인용해 보도했다. 한 군인은 [요르단강 서안 지구의] 헤브론에서 12~13세 가량의 아이들 30명이 아주 추운 어느 날 손을 든 채 일렬로 다섯 시간 동안 벽을 보고 서 있게 하면서 조금이라도 움직이면 발로 걷어찼다고 전했다. 그는 그들이 "지금은 손을 들고 눈으로는 동정을 구하는 순진한 양처럼 보이지만" 사실은 그렇지 않기 때문에 이런 처벌은 정당하다고 했다. "그들은 불을 지르고 돌을 던지며 시위에 참가하는 등 그 부모들만큼이나 해롭다."

나이든 사람에게도 인정을 베풀지 않는다. "구시가지 무슬림 거주 지역의 어느 아랍 노파가 남편과 함께 살던 작은 아파트에서 잔인하게 폭행당한 뒤 한 예루살렘 병원에서 5일 동안 혼수 상태로 쓰러져 있었다." 그녀는 85세 된 남편이 알 아크사 사원에서 기도하는 동안 근처 예시바(율법 학교)의 신앙심 깊은 유대인들에게 공격당했다. 그 남편은 유대 정착민들이 자기 부인을 죽였다는 말을 듣고 서둘러 집으로 왔지만 아파트에 들어갈 수 없었다. "유대인들이 지붕 위에서 병과 벽돌을 던졌기" 때문이라고 그는 말했다.

그 노파를 구하려 했던 한 아랍 젊은이도 폭행당해 옆 병실에 누워 있었다. 그는 "범인들이 예시바의 유대 광신도라고 확인했다." 그들은 "공격을 거의 부인하지도 않았다." 그 일에 대해 질문을 받은 "한 미국인 광신자는 무감각하게 '테러리스트' 지역을 청소해야 할 필요성에 대해 말했다."

그 집단은 "경찰들에게 '아브라함의 은총'으로 알려졌는데, 아랍인들에게 빼앗긴 땅을 되찾으려는 강력한 염원을 가지고 되돌아온, 대부분 유럽과 미국에서 태어난 유대인들로 구성된 예시바 소속이었다." 몇 년 전에 그들은 오랫동안 아랍인의 땅이었던 곳에 이 예시바를 세웠다. 그 뒤 아랍인 18가구가 이사를 가서 이 부부만 유일하게 남자, "유대인 광신도"는 "16세기에 자신들이 살던 토지를 '회복'"하려 했다. 이 부부는 돈의 유혹을 뿌리쳤고, 그러자 폭력의 위협이 뒤따랐다. "이 협박들이 이번 주에 실행된 게 틀림없다."

경찰은 유대인 극단주의자들 몇 명을 체포했지만, 이들은 "소란 행위"에 대해서만 고발당할 것이다. "경찰은 마얄레 부인에 대한 폭행과 이제 그 부부가 갈 곳이 없다는 것에 대해 이미 지나간 일로 받아들이는 것 같다." 이것이 전형적인 "당국의 관용적 태도"다. "이 사악한 폭력은 지역 신문에서도 거의 언급되지 않았다."

미국이 팔레스타인 난민들에 대한 보도나 팔레스타인인들이 당하는 일반적 고통과 근심에 거의 주의를 기울이지 않듯이, 아랍인 재소자들이 증언하는 광범한 고문 역시 무시당하기 일쑤다. 물론 재소자나 난민의 보고는 신중하게 평가해야 한다. 특히, 그런 보고가 전달되는 조건도 신중하게 고려해야 하고, 그들이 심문자나 경비병에 대한 두려움 때문에 사실을 과장하거나 왜곡하거나 숨기는 데 이해관계가 있다는 사실도 신중하게 고려해야 한다. 그렇지만 분명히 그런 보고는 중요하게 여겨야 한다. 이것들은 다 자명한 사실이지만, 대표적으로 두 경우가 있다. 난민이나 재소자가 한 이야기가 이데올로기적 목적이나 선전에 유용한 이야기(예컨대, 적이 자행한 잔학 행위)일 경우에는 일체의 검증을 거치지 않는다. 반대로 그 이야기가 명망 있는 나라를 욕되게 하는 경우에는 아예 무시된다.

이스라엘에 있는 팔레스타인 재소자들의 소식이 여기[미국 ─ 지은이]에 거의 알려지지 않도록 하려는 자들이 있다. 지난 몇 년 동안 그렇게 하기가 더 힘들어졌지만 말이다. 한 가지 흥미로운 사례는 런던의 〈선데이 타임스〉 조사팀이 수행한 아주 신중한 연구 결과다. 그 팀이 오랜 조사 끝에 얻은 사실을 종합한 결과, 고문이 어찌나 광범하고 체계적인지 "경찰이 어느 정도까지는 의식적으로 [고문을] 허용한 듯 보이는데 … [아마도 ─ 지은이] … 점령지 아랍인들에게, 순응하며 사는 것이 그나마 덜 고통스럽다는 사실을 알리려고" 그러는 듯하다고 썼다. 그 연구 결과는 〈뉴욕 타임스〉와 〈워싱턴 포스트〉에 제공됐지만 발표가 거부돼 거의 보도되지 못했다.

스위스인권동맹의 비슷한 연구 결과(1977년 6월)도, 여기서는 전혀 주목받지 못했다. 이스라엘 기자들의 고문 관련 보도도 마찬가지다. 이스라엘의 다양한 반박은 보도되지만, 내가 아는 한, 〈선데이 타임스〉의 통렬한 [재]반박은 결코 보도되지 않았다.

덧붙여 말하면, 앰네스티(국제사면위원회)는 이스라엘에서 별로 인기가 없다. 1979년에 용의자와 재소자들의 처우에 대해 다소 온건하고 모호한 보고서를 낸 뒤부터 그렇다. 〈하레츠〉는 '앰네스티 또 저런다'라는 제목의 사설을 통해, 앰네스티가 "그 문서를 발행함으로써 아랍의 선전 도구가 됐다"고 논평하고 무엇보다도 런던 〈선데이 타임스〉의 "왜곡되고 악의적인 보도"에 의존한다고 비난했다.

좌파인 마팜당의 기관지 역시 논조만 살짝 달랐을 뿐이다. 그들은 사설을 통해 "우리가 경험에서 배운 것은 테러리스트나 일반 범죄자들을 법정에 세우려면 용의자에게 엄청난 압력을 가해야 하고, 그렇지 않으면 이들에게서 우리 자신을 효과적으로 보호하는 것이 정말로 어렵다는 점"이라고 썼다. 다만 그 "엄청난 압력"을 가하는 과정에서 "과도함"이 없도록 "끊임없이 경계"하자는 것이었다.

9장
시온주의냐 사회주의냐

이스라엘을 지지하는 서방 좌파들은 이스라엘이 원하는 것은 이웃 아랍 국가들이 이스라엘을 인정하는 것과 평화뿐이라고 주장한다. 이들은 팔레스타인인들의 '민족적 권리'라는 것이 존재한다는 사실에도 동의할 수 있고 심지어 이스라엘이 점령한 요르단강 서안 지구에 팔레스타인 국가를 건설하는 것도(비록 '이스라엘과 요르단'의 감시를 받는다 할지라도) '받아들일'지 모른다. 그러나 이 점에서 이들은 한심하게도 시대에 뒤쳐져 있고 비현실적이다. (노동당이든 [시온주의 정당인] 리쿠드당이든) 이스라엘 지도부는 이런 불완전한 '타협'조차 용인할 의도가 전혀 없다.

사실 시온주의 지도부가 도대체 이웃 아랍 국가들과 '평화 공존' 하기를 원한 적이 있었는지 의심스럽다. 이스라엘 국가의 토대 자체가 아랍인들한테서 도둑질한 영토에 기초하고 있는데, 어떻게 '평화 공존'이 가능할까?

[팔레스타인 투쟁을 지지한 프랑스 유대인] 막심 로댕송은 고전적 저서 《이스라엘과 아랍》에서* '평화 공존'이 가능하지 않다는 점을 1950년대부터 환기시켰다. 막심 로댕송은 이런 해결책이 '시온주의자들에게는 종말일 것'이라고 주장한다.

> 한 이스라엘인이 시인했듯이 … 일부 아랍 난민들을 수용하는 것을 용인하거나, 정복한 땅의 일부를 포기하거나, 유엔의 결정을 받아들이는 것은 … 다윗과 솔로몬의 왕국(이 왕국이 패망하며 유대인 디아스포라가** 시작됐다)을 되살린다는 자랑스런 꿈이 소멸한다는 것을 의미할 것이다. 시온주의자들은 그 꿈을 내세워 전세계 유대인들에게 이스라엘을 방어하고 궁극적으로 승리하자며 지원을 요구해왔다. '정상적' 사태 전개는 시온주의 이스라엘에게는 치명적이다. … 외부 위험이 사라지면 메시아적 열정이 시들해질 것이다. 개척자 정신이 위험에 처하게 된다. …
> 시온주의 이스라엘은 호전적 정서와 위기 의식 덕분에 번영했다.[1]

---

* 국역: 《아랍과 이스라엘의 투쟁: 걸프전쟁의 기원》, 두레, 1991.

** 자신이 살던 땅을 떠나 다른 지역에 흩어져 사는 것을 말한다.

이스라엘의 '귀환에 관한 법률'에는 이런 정서가 배어 있다. 이 귀환법은 어느 나라 유대인이건 이스라엘에서 살고 싶어하는 모든 유대인에게 자동으로 이스라엘 시민권을 부여한다. 모든 비유대인, 특히 전에 팔레스타인에 살았던 사람들은 이 귀환법에서 배제된다(전 세계의 유대인 공동체에 속한 유대인 대다수가 이 귀환법의 제안대로 하지 않았음을 지적할 필요가 있다. 뉴욕주의 유대인 인구만 해도 이스라엘 전체의 유대인보다 더 많다).

예루살렘 부시장을 역임했고 점령지 요르단강 서안 지구의 운명에 관한 전문가로 이스라엘에서 널리 인정받는 메논 벤베니스티는 여러 보고서에서 이스라엘은 1967년 이전의 국경선으로 철수할 생각이 전혀 없다는 결론을 내렸다. 그는 자신의 보고서에서 이스라엘 정부가 다양한 책략을 사용해 이미 예루살렘 외부 영토 절반 이상을 차지한 채 유대인 정착 계획을 세웠다고 지적했다. 노동당·리쿠드당 연립정부 하에서 정착촌 건설 속도는 빨라졌다.

이스라엘 노동당의 주요 정치인인 아바 에반은 그의 책 《유산: 문명과 유대인》에 '오늘날의 이스라엘'이라는 제목의 지도를 포함했는데, 이 지도에는 요르단강 서안 지구가 이미 이스라엘 국가에 통합돼 있다.

더욱이 미국과 이스라엘 대학교가 실시한 이스라엘 여론조사를 보면, 이스라엘 국민의 절반 이상이 요르단강 서안 지구에 시온주의 정착촌 건설을 환영했다. 가장 놀라운 일은 1967년 이전의 국경선으로 후퇴하고 팔레스타인과 합의하자는 안을 지지하는 사람들이 겨우 1퍼센트뿐이라는 사실이다.[2]

이것은 이스라엘 대중이 식민지 농장주의 심리 상태를 갖고 있음을 뜻한다. 이것은 1970년대 흑인 짐바브웨인들에게 '포위당한' 백인 로디지아인들, 1960년대 알제리에서 아랍인들에게 '포위당한' 프랑스인들, 오늘날 남아프리카공화국에서 흑인들에게 '포위당한' 백인들의 심리 상태와 다르지 않다. 레바논 유혈 사태 직후 요엘 마르쿠스는 〈하레츠〉에서 이런 심리 상태를 잘 묘사했다.

사브라와 샤틸라 사건을 보면서 유대인 공동체의 많은 사람들, 아마 대다수는 학살 자체에 난처함을 전혀 느끼지 않았을 것이다. 일반으로 아랍인들, 특별하게는 팔레스타인인들을 살해하는 것은 흔한 일이며, 오늘날 젊은이들의 표현을 빌리자면 "그 문제 때문에 괴로워하는 사람은 아무도 없다." 학살 이후 나는 교양 있고 계몽된 사람들, 즉 '텔아비브의 양심'으로 불리는 사람들의 말을 듣고 깜짝 놀란 것만 여러 번이다. 그들은 레바논에 남아 있는 팔레스타인인들을 제거하는 과정으로써 학살 자체는 그리 끔찍한 것이 아니라고 얘기했다. 우리 바로 옆에서 그 일이 벌어진 게 안타까울

뿐이라는 것이다.[3]

노동당 총리 이츠하크 라빈의 고문이었던 요란 페리는 노동당 신문 〈다바르〉에 쓴 "공존에서 헤게모니로"라는 제목의 중요한 기사에서 레바논 침공 뒤인 1982년 10월에 평화 공존은 사실상 물 건너갔다고 선언했다.[4] 이 기사의 제목이 암시하듯이 페리는 레바논에서 팔레스타인해방기구를 파괴한 것은 이 지역에서 시온주의의 헤게모니를 확인하기 위한 것뿐이었다고 주장했다.

팔레스타인해방기구가 요르단강 서안 지구와 중동 전역에서 팔레스타인인 압도 다수의 지지를 받고 있다는 사실은 누구나 알고 있다. 이스라엘은 팔레스타인해방기구와 협상할 생각이 전혀 없다. 이스라엘은 팔레스타인해방기구를 지구상에서 싹 쓸어버리고 싶어한다.

그러나 오늘날 팔레스타인해방기구는 엄청난 문제에 봉착했다. 팔레스타인해방기구의 '총과 올리브 나무' 전략은 실패했다. '총'(팔레스타인인들만의 무장투쟁)은 이스라엘을 패퇴시킬 수 없다. 더 중요한 점은, 모든 아랍 국가들의 총을 한데 모아 봤자 무용지물이라는 사실이다. 아랍 국가들은 이스라엘과 '외교적으로' 거래할 수 없을 뿐 아니라 무장 투쟁을 감행할 의지도 없다.

1960년대 말 요르단에 있는 페다인 게릴라 기지에서 벌어진 논쟁은 잘못된 방향으로 가닥을 잡았다. 오늘날 아랍 정권들은 팔레스타인 혁명을 가로막고 있다. 아랍 정권들이 타도되지 않는다면 팔레스타인 혁명은 성공할 수 없다.

이 지역에서 이스라엘은 헤게모니를 쥐려 하기 때문에 다른 전략이 필요하다. 확실히, 무장 혁명은 여전히 핵심적이다. 그러나 아랍의 대중, 즉 중동 전역의 노동자와 농민을 끌어들여 시온주의에 반대하고 자국의 부패한 정권에 맞서 봉기하는 무장 혁명만이 성공할 수 있다.

이런 전망은 결코 억지가 아니다. 미국 국무 장관 슐츠가 1986년 4월에 말했듯이, "심각한 경제적 곤궁에 처한 나라들이 정치적 불안정에 더 취약하다는 … 점은 역사의 교훈이다." 석유 판매 수입이 증가함에 따라 한껏 부풀어 오른 대중의 기대감이 석유 호황이 끝나 낙담으로 변할 때 나타날 수 있는 위험을 세계 지배계급들은 알고 있었다. 바로 이렇게 높아진 기대감에서 비롯한 혁명이 이란의 샤를 무너뜨렸다. 물론 이란 좌파가 노동자들을 혁명에 끌어들이지 못해 종교적 근본주의자들이 그 혁명을 낚아채 갔지만 말이다.

1986년 초 이집트에 관한 다음 설명이 보여 주듯이 중동 각국은 결코 안정적이지 않다.

좌파 타감무 동맹 소속의 한 학생은 다음과 같이 말했다. "우리는 날마다 뭔가를 기다리고 있다. 그것은 식량 폭동으로 시작될 수도 있고, 파업이나 주택·교통 문제에 대한 항의에서 시작할 수도 있다. 그러나 우리는 거대한 폭발 같은 것이 다가오고 있음을 확신한다."

경제 위기가 너무 심각해 대통령 무바라크는 자신이 악몽을 꾸고 있다고 느낄 정도다. 지난 3개월 동안 이집트 경제의 네 축이 붕괴할 조짐을 보였다.

석유: 유가 하락으로 올해 수익이 적어도 50퍼센트 하락할 것이다.

관광: 2월 카이로의 호텔들을 파괴한 경찰 폭동, 서방에서 벌어지는 '반테러'·'반아랍' 캠페인 때문에 관광 수익이 줄어들 것이다.

수에즈 운하: 걸프의 석유 경제가 침체하면서 운하를 통과하는 통행량이 줄어들어 수입이 50퍼센트 하락할 전망이다.

송금: 걸프 나라들의 경제가 위축돼 수많은 이집트인의 일자리가 줄어들 것이며, 노동자들의 송금액(최근 이집트의 최대 외화 소득원이다)은 75퍼센트 하락할 전망이다.

1982년에 이집트인 300만~400만 명이 해외에 나가 있는 것으로 추산된다. … 1970년대 중반 이후 거의 모든 이집트 가정은 남자 가족 중 일부를 해외로 보냈다. 해외에서 벌어들인 돈으로 새로 지은 붉은 벽돌집, 푸조 택시, 동유럽산 트랙터를 뽐내지 않은 마을이 하나도 없을 정도였다.

좌절한 이집트인들은 … 본국으로 돌아왔지만 엘리트층의 부패, 특권, 과소비에 격분하고 있다.

1977년에 [이집트 노동자들은] 파업과 시위로 몇 시간 만에 물가 인상을 철회시킨 바 있다. 오늘날에도 이집트 노동자들이 자신감을 되찾고 있다는 증거가 존재한다.[5]

[1986년] 미국의 리비아 폭격과 여기에 영국과 이스라엘이 공모한 사실은 세계 경제·정치 질서의 강력함이 아니라 취약함을 보여 준다. 미국의 힘은 전 세계에서 약화되고 있다. 미국이 후원한 보잘것없는 독재자들의 다수가 타도됐다. 심지어 남아프리카공화국의 아파르트헤이트* 정권조차 미국 지원에만 의존할 수 없다는 점을 잘 알고 있다. 왜냐하면 흑인들의 저항이 아주 강력하기 때문이다. 영국을 제외한 유럽의 지배자들은 리비아 폭격에 반대했다. 왜냐하면 리비아 폭격이 중동을 억누르기보다는 오히려 불을 지필 수 있기 때문이다.

그 가능성은 낮지 않다. 전통적으로 아랍 민족해방운동의 선구자 구실을 했던 이집트에서 벌어진 경찰 폭동은 훨씬 더 심각한 격변을 암시하는 것일 수 있다. 석유 자금은 중동을 변모시켰다. 중동은 이제 훨씬 더 **공업화**한 지역이다. 아랍 국가들에

---

* 인종분리 체제를 말한다.

는 과거 그 어느 때보다 많은 노동자들이 존재한다. 그들의 기대가 꿈틀거렸다. 미국의 침략, 시온주의 국가의 잔학한 행위와 결합된 경기 침체가 강력하고 새로운 사회·정치 세력을 일깨울 수 있다. 그들은 과거에 반식민지·반제국주의 혁명들을 완수하고자 했었다. 물론 그런 운동이 성공하려면 새로운 노동 계급의 사회주의 정치가 발전해야만 한다.

한편, 시온주의는 (그 활력의 근원이자 서방 좌파를 완전히 분열시킨 동력인) 반유대주의의 공포를 계속 이용할 것이다. 그럼으로써, 훨씬 더 든든한 미국의 군사적 경비견임을 입증해 보일 것이다.

아브람 레온은 전시 나치 점령하 벨기에에서 불법 상태의 혁명적 사회주의 운동을 이끈 유대인 지도자였다. 전쟁 직전에 연구를 끝마친 그는 《유대인 문제》라는 책을 썼다. 이 책은 마르크스주의의 입장에서 유대인의 역사를 철저하게 분석한 최초의 저작이다. 레온은 유대인이자 사회주의자라는 이유로 희생됐다. 이 두 가지 점 때문에 그는 나치의 표적이 됐다. 그는 게슈타포에 체포돼 아우슈비츠의 가스실에서 죽었다.

오늘날 유대인이건 아니건 시온주의에 반대하는 사람들은 레온의 책을 유대인 문제에 대한 권위 있는 책으로 인정한다. 시온주의 활동에 깊숙이 연루한 적이 있는 그의 경험과 시온주의를 이해하고 이를 극복하고자 한 그의 노력 때문에 그의 분석은 더욱 예리하다. 그의 분석은 유대인들이 시온주의자들로 변신하고 그 뒤 중동에서 영국과 미국 제국주의의 '거간꾼' 노릇을 한 것을 예견했을 뿐 아니라 이를 경고했다. 그는 [영국과 미국 제국주의가] "아랍의 위협에 대항하는 견제 세력으로 유대인들을 이용"했다고 썼다.[6]

레온이 지적했듯이, 현대의 반유대주의 뿌리를 이해하려면 유대인들이 19세기 폴란드와 러시아에서 했던 거간꾼이나 '중간상인' 구실을 오늘날에도 하고 있다는 것을 알아야 한다.

그러나 유대인들이 중동에서 이런 구실을 해야만 할 까닭은 없다. 칼 마르크스는 유명한 구절에서, 인간은 자신이 만들지 않은 상황에 갇혀 있지만 그런 상황을 바꿀 능력도 갖고 있다고 설명했다. 아랍인과 유대인을 오늘날의 처지로 몰아넣은 세계적 위기를 야기한 제국주의는 결코 초역사적인 것이 아니다. 이 위기는 제국주의 자체의 경제적 토대를 파괴해야만 해결될 수 있다.

그러려면 사회주의 혁명, 즉 중동에서 아랍 노동계급이 지도해 팔레스타인을 해방하고 유대인과 모든 소수 민족들에 완전한 권리를 보장하는 사회주의 공화국을 창설하는 사회주의 혁명이 필요하다.

그런 사회가 정말로 유대인들을 환영할까? 그런 사회는 오늘날 이스라엘보다 훨씬 더 안전할 것이다. 오늘날 이스라엘은 결코 유대인들의 안식처가 아니다. 오히려 세계에서 유일하게 유대인들이 철조망과 기관총으로 방어벽을 쌓아야 하는 곳이다.

시온주의 이전에 존재한 유대인 정치 전통은 과거에서 힘과 영감을 얻었다. 그 전통은 신앙에 의거해 보편적 가치와 교육을 중시하도록 했다. 뿔뿔이 흩어져 살았던 민족사에서 국제주의 전망을 도출해 냈다. 박해받은 민족사에서 모든 피억압 민족을 존중하고 그들에 공감하도록 했다. 시온주의자들이 그 전통을 제거하려 했지만, 그 전통은 살아남았다. 그리고 그 전통은 사회주의 팔레스타인에서도 분명 환영받을 것이다.

후주

2002년 판 서문

1 영국 노동당 국회의원 Gerald Kaufman이 하원에서 한 연설, *Guardian*, 17 April 2002.

2 *Washington Report*, September 1999.

3 Mohamed Riad El-Ghomeny, *Affluence and Poverty in the Middle East*, London, 1998, p231.

4 *Al-Ahram Weekly*, 13 April 2001.

5 *Al-Ahram Weekly*, 5 November 1990.

6 Palestine Red Crescent Society, www.palestinercs.org

7 *Guardian*, 14 April 2002.

1986년 판 서문: 왜 이스라엘인가?

1 이스라엘의 영향력 있는 일간지 *Ha'aretz*, 18 April 1986.

2 영국의 *Israeli Mirror*는 이스라엘의 히브리어 언론을 2주 간격으로 영어로 번역한다(21 Collingham Road, London SW5에서 구할 수 있다).

1장 석유와 제국주의

1   *Socialist Worker*, 26 April 1986에서 인용.

2   Anthony Sampson, *The Seven Sisters*, London, 1975[국역: 앤써니 샘슨,《석유를 지배하는 자들은 누구인가》, 책갈피, 2000], p77에서 인용.

3   Sampson, p72.

4   Sampson, p82.

5   Sampson, p83.

6   Noam Chomsky, *The Fateful Triangle: The United States, Israel and the Palestinians*, London, 1983[국역:《숙명의 트라이앵글》, 이후, 2008], p17에서 인용.

7   Sampson, p142.

8   Sampson, p151.

9   Sampson, p245.

10 Sampson, p259.

11 Sampson, p224.

12 Sampson, p218.

13 "The Kissinger Memorandum: An interview with US Jewish leaders (The Klutznik Group)". *MERIP Report*, May 1981에서 인용.

14 Sampson, pp278~279.

15 *Time* magazine, 14 April 1986.

2장 이스라엘의 무장

1   Chomsky, p7 각주에서 인용.

2   Chomsky, p7 각주에서 인용.

3   Chomsky, p10.

4   *Jerusalem Post*, 19 April 1986.

5   *Mideast Observer*, February 1981.

6 　이스라엘의 전 총리 라빈의 고문을 지낸 바 있는 이스라엘 내의 민간·군사 관계 전문가 요란 페리가 쓴 흥미로운 기사 참조. 그 기사는 이스라엘 노동당 신문 *Davar*에 실렸고, 나는 Chomsky, p463에서 인용했다.

7 　*Jerusalem Post*, 19 April 1986.

8 　Chomsky, p19에서 인용.

9 　Chomsky, p19.

10 　*Ha'aretz*, 30 September 1951.

11 　Chomsky, p19.

12 　Chomsky, p19.

13 　*US News and World Report*, 19 June 1967. *Our Roots are Still Alive*, New York, 1981, p116에서 인용.

14 　*Our Roots*, p103.

15 　*Washington Post*, 6 August 1982.

16 　*Davar*, 17 December 1982. Chomsky, p21 각주에서 인용.

17 　남아프리카공화국에 대한 이스라엘의 무기 공급 관련 정보는 *Middle East Magazine*, May 1983 참조.

13 　*New York Times*, 6 December 1982에서 인용. Chomsky, p24도 참조.

19 　*Middle East International*, 23 December 1982.

20 　Chomsky, p24에서 인용.

21 　*Middle East International*, 23 December 1982.

22 　*The Economist*, 13 November 1982. Chomsky, p110에서 인용.

23 　Interview with Haolem Haze, 22 December 1982. Chomsky, p110에서 인용.

24 　Chomsky, p457 각주에서 인용.

25 　Chomsky, p458에서 인용.

26 　그 작가는 E A Bayne이었다. Fred Halliday, *Iran: Dictatorship and Development*, Harmondsworth, 1979, p279에서 인용.

27 　Chaim Margalit가 노동당 신문 *Hotam*에 보도한 내용. 그는 총리

라빈의 사무실 관리자 Amos Eran의 말을 인용하고 있다. Chomsky, p185에서 인용.

3장 테러 국가: 1982년 레바논 침공

1   Chomsky, p257.

2   Chomsky, p182 각주.

3   Yoel Marcus, "The war is inevitable", *Ha'aretz*, 26 March 1982.

4   이스라엘 출판물 *Ma'ariv*, 20 August 1982에서 인용.

5   Ingela Bendt와 James Dowling, "We shall return". Bendt와 Dowling은 난민촌에서 몇 달 동안 지내면서 난민들과 대화를 나눈 프리랜서 기자들이다. Chomsky, p217에는 독자적인 증거들이 아주 많이 나와 있다. 이 장章은 촘스키의 책에서 많이 인용했다.

6   *New York Times*, 3 July 1982.

7   *The Times*, 13 July 1982에 인용된 경찰 대변인의 말.

8   *Boston Globe*, 5 June 1982.

9   *Washington Post*, 27 June 1982.

10   *Christian Science Monitor*, 13 August 1982.

11   *Financial Times*, 9 July 1982.

12   Chomsky, pp 229~230.

13   *The Guardian*, 24 June 1982.

14   Charles Powers, *Los Angeles Times*, 29 August 1982에서 보도.

15   *Davar*, 19 July 1982에서 보도.

16   Chomsky가 인용한 조사 결과.

17   T L Friedman, *New York Times*, 26 September 1982.

18   Chomsky, p364.

19   *Newsweek*, 27 September 1982.

20   *Washington Post*. Chomsky, p367에서 인용.

21   Chomsky, p389.

22   Chomsky, p392에서 인용.

4장 시온주의의 기원

1   이런 주장은 Abram Leon, *The Jewish Question* , New York, 1970에 나온 핵심 내용의 일부다.

2   *The Diaries of Theodor Herzl*, p6. *Our Roots*, p21에서 인용.

3   *Our Roots*, p24에서 인용.

4   *Our Roots*, p24에서 인용.

5   *Herzl. Our Roots*, pp 25~26에서 인용.

6   자세한 비교는 Chomsky의 책 참조.

7   Lenin, *Imperialism: The Highest Stage of Capitalism*[국역: 《제국주의, 자본주의의 최고 단계》, 아고라, 2017], p94.

8   *Our Roots*, p20에서 인용.

9   *Our Roots*, p20에서 인용.

10   *Manchester Guardian*, November 1914. *Our Roots*, p29에서 인용.

11   Winston Churchill, "Zionism versus Bolshevism", *Illustrated Sunday Herald*, 8 February 1920.

12   Memorandum by Lord Balfour, Foreign Office document FO: 371/4183/2117/132187. *Our Roots*, p29에서 인용.

13   *Our Roots*, p38에서 인용.

5장 홀로코스트: 시온주의의 정당성?

1   *The Politics of Rescue: The Roosevelt Administration and the Holocaust 1938~1945*, p141. *Our Roots*, p56에서 인용.

2   Alfred Lilienthal, "What price Israel?". *Our Roots*, p62에서 인용.

3   Lenni Brenner, *Zionism in the Age of the Dictators* , Beckenham, Kent, 1983, p149에서 인용.

4   *Our Roots*, p55에서 인용.

5   Brenner, p34.

6   Brenner, pp 48~49.

7   Sachar, *The Course of Modern Jewish History* , 1958, p452.

8   Uri Avinery, *Israel without Zionism*, 1971, p106. *Our Roots*, p57에서 인용.

9   Ben Hecht, *Perfidy*, New York, 1961, p50. *Our Roots*, p57에서 인용.

6장 팔레스타인 강탈!

1   *Our Roots*, p66.

2   드 레이니에의 진술은 David Hurst, *The Gun and the Olive Branch*, London, 1977, p128에 길게 인용돼 있다.

3   Hurst, p129에서 인용.

4   데이르 야신은 달렛 계획, 즉 팔레스타인 전체 또는 대부분 지역을 차지하기 위한 마스터플랜의 일부였다. Hurst, p138 참조.

5   보고서를 분석한 글 전문은 *Middle Eastern Studies*, 21:1, January 1986에 나와 있다.

6   *The Guardian*, 26 May 1986 참조.

7   더 충분한 설명은 Nathan Weinstock, *Zionism: The False Messiah*, London, 1979, pp237~241 참조.

8   Hurst, p135.

9   Hurst, p134.

10   *Our Roots*, p74에서 인용.

7장 팔레스타인 해방을 위한 투쟁

1   Maxime Rodinson, *Israel and the Arabs*, London, 1982[국역: 《아랍과 이스라엘의 투쟁: 걸프전쟁의 기원》, 두레, 1991], p338에서 인용.

2   Weinstock, p53에서 인용.

3   *Our Roots*, p47에서 인용. 이 장의 나머지 부분도 주로 그의 책에서

인용했다.

4   *Our Roots*, p48.

5   *Our Roots*, p49.

6   *Our Roots*, p75.

7   *Our Roots*, pp80~81.

8   *Our Roots*, p82.

9   *Our Roots*, p101.

10   *Our Roots*, p101.

11   *The Times*, 15 June 1969.

12   *Our Roots*, p.122.

13   *Our Roots*, pp129~135.

14   *Our Roots*, pp160~166.

8장 시온주의하에서는 지낼 만하다?

1   Chomsky, pp123~132.

9장 시온주의냐 사회주의냐

1   Rodinson, p62.

2   Chomsky, p454.

3   Chomsky, p395에서 인용.

4   *Davar*, 1 October 1982.

5   Phil Marshall, *Socialist Worker Review*, June 1986의 글.

6   Abram Leon, *The Jewish Question*, New York, 1970, p251.

부록

연표:
한눈에 보는
이스라엘의 팔레스타인 탄압 100년

1917년: 제1차세계대전(1914~1918년) 중 영국은 오스만 제국의
　　　　지배를 받는 팔레스타인인들에게 독립을 약속하며 반란을
　　　　고무했다. 그러나 1917년 말, 영국은 시온주의자들에게 팔
　　　　레스타인에 시온주의 국가를 건설하도록 돕겠다고도 약속
　　　　했다(밸푸어 선언).

1939~1945년: 제2차세계대전 기간에 많은 유럽 유대인들이 팔
　　　　레스타인 이주를 택했다. 원래 유대인들이 가장 선호한 목
　　　　적지는 미국이었지만 시온주의자들의 강요와 서방 국가들
　　　　의 공모 속에 중동으로 간 것이다.

———

출처: 김종환, 〈노동자 연대〉 233호(2017. 12. 13).

1947년: 유엔은 팔레스타인 영토의 55퍼센트를 유대인 몫으로 인정한다는 분할안을 발표했다. 당시 팔레스타인의 유대인 인구는 전체의 3분의 1이었다.

1948년: 유엔 분할안과 서방의 후원에 고무된 시온주의 민병대가 팔레스타인인 수만 명을 학살하며 분할안보다 더 넓은 영토를 차지하고 이스라엘을 건국했다. 팔레스타인인 약 75만 명이 고향에서 쫓겨났다. 이 와중에 요르단과 이집트는 팔레스타인 일부 영토를 점령했다. 예루살렘은 동서로 나뉘어 동예루살렘은 요르단, 서예루살렘은 이스라엘이 차지했다.

1959년: 아랍 민족주의 성향의 팔레스타인 저항 세력인 파타가 결성됐다. 파타는 1960~1970년대 팔레스타인 저항을 이끈 주요 그룹이었다.

1967년: 이스라엘이 이집트·시리아·요르단을 상대로 기습 공격을 감행했다. 이로써 이집트 시나이 반도, 시리아 골란 고원, 동예루살렘 등 나머지 팔레스타인 영토를 차지했다. 이 때문에 팔레스타인 가자 지구, 요르단강 서안 지역에 사는 팔레스타인 사람들이 이스라엘의 가혹한 통치 아래 놓이게 됐다. 이 전쟁으로 이스라엘은 중동 지역 패권을 지키는 데 자신이 유용함을 서방 제국주의에 각인시켰다.

1978년: 미국의 중재로 이집트는 이스라엘과 평화협정을 맺고

친미 국가로 돌아섰다(캠프 데이비드 협정). 이스라엘 국가를 인정하지 않는다는 아랍 국가들의 합의가 깨졌다.

1982년: 이스라엘 군대는 당시 침공 중이던 레바논에서 약 36시간 동안 팔레스타인 난민 수천 명을 학살했다(사브라·샤틸라 난민촌 학살).

1987년: 팔레스타인에서 이스라엘에 저항하는 민중 항쟁이 터졌다(1차 인티파다). 이집트, 터키, 쿠웨이트, 시리아, 튀니지 등지에서 현지 지배자들에 대한 불만과 결합돼 연대 시위가 확산됐다. 그러나 파타는 아랍 지배자들을 우군으로 추켜세우며 운동이 지배자들을 위협하는 것을 단속했다. 이때 이슬람주의를 따르는 팔레스타인 저항 세력인 하마스가 결성돼, 주요한 팔레스타인 저항 세력으로 부상했다.

1993년: 미국의 개입으로 파타는 이스라엘을 인정하는 대신 이스라엘의 점령 아래 자치 정부를 꾸리기로 합의했다(오슬로 협정). 팔레스타인 자치정부가 세워졌지만, 팔레스타인 난민의 귀환은 사실상 포기해야 했고 동예루살렘 지위 문제는 추후 논의로 미뤄졌다.

1995년: 미국 의회가 주 이스라엘 대사관을 예루살렘으로 옮기는 법을 통과시켰다. 예루살렘 전역이 모두 이스라엘의 수도라고 선언한 것인데, 미국 정부는 대사관 이전은 계속 미뤘다.

2000년: 오슬로 협정 이후에도 계속되는 이스라엘의 영토 확장과 이를 사실상 옹호하는 팔레스타인 자치정부에 대한 분노가 폭발해 팔레스타인에서 2차 인티파다가 발생했다.

2006년: 팔레스타인 자치정부 선거에서 하마스가 승리했다. 이스라엘은 하마스의 세가 강한 가자 지구를 봉쇄했다. 그리고 또 다른 이슬람주의 단체 헤즈볼라를 격퇴하고자 레바논을 침공했으나 실패했다.

2007년: 미국과 이스라엘은 하마스를 제거하려고 파타의 쿠데타를 사주했으나 실패했다. 이후 가자 지구는 하마스가, 서안지역은 파타가 지배하게 됐다.

2009년: 이스라엘이 하마스 격멸을 내걸고 가자 지구를 침공하지만, 성공하지 못하고 곧 퇴각했다.

2010~2011년: 아랍 혁명으로 미국과 이스라엘의 핵심 우방이었던 무바라크가 이집트에서 쫓겨났다.

2012년: 이스라엘은 가자 지구 폭격에 나서지만 혁명적 민심을 우려한 미국과 주변국 지배자들의 만류 속에 8일 만에 꼬리를 내렸다.

2014년: 이스라엘이 가자 지구를 또 폭격했다. 아랍 혁명의 퇴조 속에 이스라엘은 50일 넘게 가자 지구를 마음껏 유린했지만 하마스를 뿌리 뽑지는 못했다.

2017년 10월: 하마스가 10년 만에 가자 지구를 파타에 넘기는

데 동의했다.

2017년 12월: 미국 트럼프 정부가 '예루살렘은 이스라엘의 수도'라고 선언하며 주 이스라엘 대사관을 예루살렘으로 옮기겠다고 발표했다.

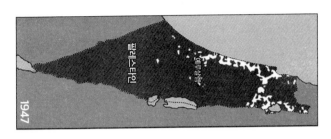

팔레스타인 영토 변화

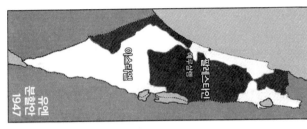

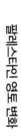

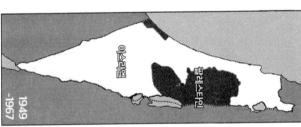

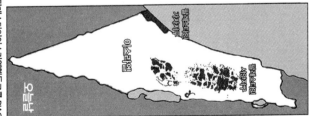

출처: 팔레스타인이스라엘행동그룹 PIAG

이스라엘과 팔레스타인 Q&A

이스라엘과 팔레스타인 간 충돌의 배경은 무엇인가?

충돌의 기원은 1948년 이스라엘의 건국으로 거슬러 올라간다. 이스라엘 국가는 시온주의 깡패들이 팔레스타인인들에 대한 인종 청소를 벌인 결과 탄생했다. 그 뒤 60년 동안 이스라엘 국가는 일상적으로 팔레스타인인들을 탄압했다.

팔레스타인에 유대인 '모국'을 건설하려는 운동인 시온주의는 19세기 말에 유럽에서 성장하는 반유대주의에 대한 대응으로 등장했다. 처음에는 극소수의 유대인들만이 이 운동을 지지했다. 시온주의자들은 팔레스타인이 "땅이 없는 사람[유대인]을 위한 임자 없는 땅"이라고 주장했다. 그러나 그곳에는 사람들이 이

출처: 〈저항의 촛불〉 12호(2009. 1. 9)와 김승주, 〈노동자 연대〉 233호(2017. 12. 13).

미 살고 있었다. 그래서 1897년 팔레스타인을 방문했던 두 명의 랍비들은 "신부[팔레스타인 땅]는 아름답지만 아쉽게도 다른 사람과 결혼했다"고 말했다.

처음에 시온주의 운동의 성장은 더뎠다. 제1차세계대전이 종결된 후 팔레스타인에는 겨우 5만 6000명의 유대인들이 살고 있었다. 반면에 아랍인들의 수는 100만 명에 달했다.

시온주의 지도자들은 처음부터 주요 열강들의 도움으로 팔레스타인 땅을 뺏으려 했다. 그래서 그들은 처음에는 영국과 손잡았고, 영국은 제1차세계대전 이후 팔레스타인을 식민지로 삼았다. 그리고 제2차세계대전 후에는 미국과 손잡았다.

1947년 유엔은 시온주의 정착민들에게 팔레스타인 땅의 55퍼센트를 할애하는(그들이 전체 인구의 3분의 1에 불과했고 오직 6퍼센트의 땅을 소유하고 있었음에도) 팔레스타인 분할안을 작성했다.

그러나 시온주의자들에게는 이 분할안도 성에 차지 않았다. 1948년 3월 시온주의 민병대들은 테러를 저지르며 팔레스타인인들로부터 땅을 뺏었다. 그들은 수백 명의 아랍 주민들을 살해했고, 약 75만 명을 고향에서 내쫓는 인종 청소를 자행했다. 팔레스타인인들은 가자, 서안 지구, 다른 나라로 도피했고 빈곤한 삶을 살았다. 반면에 이스라엘은 역사적 팔레스타인 영토의 80퍼센트를 차지하게 됐다.

오늘날 이스라엘의 법률을 보면, 모든 유대인들은 이스라엘로 이주할 수 있지만 팔레스타인인들이 원래 자기 고향으로 돌아올 권리는 부정하고 있다.

이스라엘은 1967년 역사적 팔레스타인 영토의 나머지 지역도 점령했다. 그리고 가자와 서안 지구를 약탈하고 모든 종류의 팔레스타인 저항 세력과 조직을 공격했다.

왜 이스라엘은 툭하면 전쟁을 벌이나?

이스라엘은 탄생 순간부터 끊임없이 전쟁을 벌여 왔다. 이스라엘은 매우 군사화된 국가며, 핵무기를 포함해 서방에서 최신 무기를 공급받는다. 이스라엘은 총인구가 730만 명에 불과하지만 전 세계에서 가장 현대화한 군을 보유하고 있다.

이스라엘은 두 가지 이유에서 군사력을 키웠다. 하나는 팔레스타인인들을 억누르기 위해서, 다른 하나는 중동 지역에서 서방의 이익을 보호하는 "경비견" 구실을 하기 위해서다. 이스라엘은 군사력을 사용해 제국주의의 중동 지배에 도전하는 모든 종류의 운동들을 굴복시켰다.

이스라엘은 1956년에 영국·프랑스와 손잡고 이집트를 공격했다. 1967년에는 이집트·시리아·요르단과 전쟁을 치렀다. 1973년에는 이집트·시리아와 또 한 번 전쟁을 벌였다. 이스라엘은 레바논을 1978년, 1982년, 2006년 3차례나 침략했다.

또, 이스라엘은 툭하면 이집트·시리아·레바논 영토를 침범했다. 1981년에는 이라크의 핵 발전소를 폭격했다. 이스라엘군은 1978~2000년까지 남부 레바논을 점령했고, 헤즈볼라의 저항을 받고 2000년에야 물러섰다. 이스라엘 국가의 식민주의적이고 제국주의적 성격 때문에 더 많은 충돌, 더 많은 폭격, 더 많은 죽음이 있을 것이다.

왜 서방은 이스라엘을 지원하는가?

19세기 말 영국은 이집트를 점령했고 수에즈 운하를 통제했다. 홍해와 지중해를 연결하는 수에즈 운하는 군사적·경제적 이유 때문에 영국 제국에 매우 중요했다. 영국은 아랍 세계에서 점증하는 저항 운동들이 수에즈 운하에 대한 통제를 위협할까봐 두려워했다. 그러나 제1차세계대전으로 영국은 이집트의 북부 국경과 수에즈 운하에 대한 통제를 강화할 기회를 붙잡았다.

1917년 영국군이 예루살렘으로 진군할 때, 영국 외무 장관 아서 밸푸어는 팔레스타인을 영국 제국의 식민지로 삼기로 시온주의 운동과 약속했다. 예루살렘의 영국 총독은 시온주의 국가가 "적대적 아랍주의의 바다에 떠 있는 충성스러운 작은 유대인 얼스터[영국 지배 시절, 북아일랜드의 친親영국 반동 지역]가 될 것"이라고 선언했다.

1951년 이스라엘 일간지 〈하레츠〉는 나중에 유명해진 글에서 이스라엘과 서방 제국주의 간의 관계를 이렇게 정의했다. "이스라엘은 [서방의] 경비견이 될 것이다. 이스라엘이 미국과 영국의 바람과 노골적으로 모순되는 방식으로 아랍 국가들에 적대적 정책을 취하지는 않을 것이다. 그러나 서방 열강들이 묵인한다면, 이스라엘은 서방이 인내할 수 없을 정도로 도전적인 아랍 국가들을 혼내 주는 유용한 도구가 될 수 있다."

미국이 영국 대신 중동에서 패권 국가가 되자 이스라엘은 곧장 미국편에 붙었다. 이스라엘은 [1967년] 6일 전쟁에서 이집트·시리아·요르단의 군대를 제압해 자신의 유용성을 다시 한 번 입증했다. 이 승리로 베트남에서 골치를 썩고 있던 미국은 이스라엘이 [자기 대신] 중동의 문제들을 해결해 주는 편리한 도구가 될 수 있음을 확신했다.

그 뒤로 미국과 이스라엘의 이익은 밀접하게 연관됐다. 모든 이스라엘의 행동은 미국의 이익을 염두에 둔 것이었다. 1979년에 이란혁명이 일어나고 미국이 이라크에서 재앙에 빠지면서 이 관계는 더 중요해졌다. 아랍 거리에서 분노의 싹이 자라나고 있는 상황에서, 미국은 이스라엘이 중동에서 '경비견'의 구실을 해 주기를 절실히 바랄 수밖에 없다.

트럼프의 '예루살렘 발언'은 유대인 세력의 로비 때문인가?

국내외 언론들은 트럼프의 '예루살렘 발언'의 배후로 그의 유대인 맏사위 재러드 쿠슈너를 주목한다. 트럼프가 쿠슈너 등 미국 내 친이스라엘 세력의 압박 때문에 미국의 진정한 이익에 어긋나는 일에 뛰어들었다는 것이다.

미국이 이스라엘을 전폭 지지하는 것이 미국 내 유대인들의 로비 때문이라는 주장은 새로운 것이 아니다. 이는 유대인 음모 조직이 미국은 물론 전 세계를 좌지우지한다는 음모론과 연관 있다. 열렬한 시온주의자들이 역대 미국 정부에서 핵심 요직을 차지하곤 했고, 미국의 대對이스라엘 원조 규모가 언뜻 상식적으로 이해가 안 될 만큼 막대한 것은 사실이다. 이스라엘이 미국의 통제를 벗어나는 것처럼 보이는 상황도 여러 차례 있었다.

그러나 미국 지배계급이 친이스라엘 세력을 용인·후원하는 것은 유대인들에게 '귀신 홀리는 재주'가 있어서가 아니라, 그것이 자신들에게 이익이 된다고 생각하기 때문이다.

영국, 이후 미국 등 서방 제국주의 국가들은 시온주의 국가를 건설하려는 유대인들과 손잡고 중동 한복판에 이스라엘을 심어 넣었다. 이스라엘은 이런 제국주의의 지원으로 키운 힘을 휘두르며 불안정성이 큰 중동에서 오늘날 미국 제국주의의 사냥개 노릇을 한다. 가끔 주인이 당기는 목줄에 저항하기도 하지만 말이다.

연간 수조 원에 달하는 미국의 원조금도 마찬가지 맥락에서 봐야 한다. 미국이 중동 지역에 매장된 석유를 통제하면서 누리는 이익(단지 금전적 이익뿐 아니라 지정학적 이익까지 포함)을 위한 선택이지 로비로 강요된 것이 아니다. 이스라엘이 미국을 움직인다고 보는 사람들은 상황을 완전히 거꾸로 보고 있는 것이다.

무엇보다 제국주의가 아닌 소수 종교·인종 집단의 음모로만 현 상황을 분석하는 것은, 체제가 낳은 범죄들의 원인을 엉뚱한 데로 돌리게 만든다.

유대인과 아랍인들은 원래 사이가 안 좋았나?

많은 사람들은 아랍인과 유대인이 과거에도 미래에도 절대 공존할 수 없다고 주장한다. 역사적으로 둘 사이에는 원한 관계가 뿌리 깊다는 것이다.

그러나 현 갈등의 뿌리는 먼 과거가 아니라 당대의 역사에 있다. 그것은 시온주의 운동이 팔레스타인 땅을 뺏으면서 시작됐다. 그 전에는 모든 아랍 수도에서 유대인들이 무슬림이나 가톨릭 신자들과 함께 살았다. 예루살렘, 카이로, 다마스커스, 베이루트, 라바트, 바그다드와 다른 아랍 도시들에서 유대인들은 아랍 도시 문화의 중요한 일부였다.

1920년대 영국 식민주의에 맞서 싸우다 죽은 이라크인들 중 상당수는 유대인들이었다. 유대인들은 1920~1930년대 제국주의에 맞서 싸우며 성장한 민족주의적 좌파 운동에서 중요한 구실을 했다.

그러나 이스라엘이 건국되자 상황이 변했다. 서방의 지원 아래 정권을 잡은 아랍 독재자와 왕은 아랍 유대인들을* 자기 고향에서 강제로 몰아냈다. 이스라엘은 이런 과정을 고무했다. 이제 아랍 유대인들은 이스라엘에서 2등 시민이 됐다. 그들 중 이스라엘 상류층이 되는 경우는 없었다. 많은 아랍 유대인들은 아랍 문화를 고수하며 언젠가 고향으로 돌아가기를 학수고대했다.

전 세계의 다른 지역과 마찬가지로, 중동에서 사람들 사이의 분열, 갈등, 증오는 서방 제국주의의 유산인 것이다.

'두 국가 방안'이 최선의 선택인가?

많은 사람들은 '두 국가 방안'을 이스라엘과 팔레스타인 갈등의 해결책으로 제시한다. 이것은 역사적 팔레스타인 영토를 두 개의 국가(하나는 이스라엘 국가, 다른 하나는 팔레스타인 국

---

* 아랍 지역에 사는 유대인을 말한다.

가)로 나누는 방안이다. 겉보기에 이것은 가장 현실적 방안으로 보인다.

그러나 두 국가는 현실에서 어떻게 나타날까? 대부분의 '두 국가 방안'은 가자 지구와 서안에 있는, 이스라엘 영토를 사이에 두고 분단돼 있는 두 개의 작은 팔레스타인 국가를 하나의 국가로 만드는 것이다. 팔레스타인인들은 이 두 개의 조그마한 영토에서 부대끼며 살아야 하고, 역사적 팔레스타인 영토의 대부분은 여전히 이스라엘의 통제 아래 있을 것이다. 수백만 팔레스타인 난민들은 고향으로 돌아갈 수 없을 것이다. 그러나 이스라엘과 팔레스타인 문제를 공정하고 영구적으로 해결하려면 이 문제를 반드시 해결해야 한다.

'두 국가 방안'을 지지하는 사람들은 영토와 사람을 조화시킬 방법을 알지 못한다. 반면에 역사적 팔레스타인 영토 전체를 포함하는 통일된 다인종 국가를 건설하는 '하나의 국가 방안'으로 이 문제를 해결할 수 있다.

[이스라엘이 점령한] 팔레스타인 마을들 대부분은 현재 텅 비어 있다. 이 마을들을 재건해서 원래 거주민들에게 돌려주는 것은 너무 쉬운 일이다. 도시로 돌아가기를 바라는 난민들 문제도 쉽게 해결될 수 있다. 이스라엘은 수백만 명의 유대인 이주민들을 받아들였다. 팔레스타인인들에게도 똑같은 대우를 해 주면 된다.

사실, '하나의 국가 방안'의 가장 큰 장벽은 현실적 어려움이 아니라 시온주의 자체의 성격이다. 시온주의는 유대인만의 국가를 건설하는 것이 목표다. 따라서 '하나의 국가 방안'은 근본적으로 시온주의의 인종차별적 이데올로기에 도전하는 것이다.

팔레스타인인들은 '평화 프로세스'로 자신만의 독립된 국가 건설의 기회를 제공받지 않았나?

서방 정치인들과 언론은 미국이 중재하는 '평화 프로세스'만이 팔레스타인 문제를 정의롭게 해결하고 중동 평화를 달성할 수 있다고 말한다. 1993년 발효된 오슬로 협정은 팔레스타인인들에게 서안의 17퍼센트와 가자의 60퍼센트에서 자치권을 부여하고 이것을 완전한 팔레스타인 국가로 전환할 계획이었다.

1987년 팔레스타인 항쟁, 즉 인티파다로 이스라엘은 모종의 합의를 해야 한다는 압력을 받았다. 그러나 이스라엘은 팔레스타인 영토를 독점하기를 원했고, 가능한 많은 땅에 대한 통제권을 유지하기를 바랐다. 이스라엘은 팔레스타인해방기구 의장인 야세르 아라파트가 새로운 팔레스타인 정부의 지도자가 되도록 허용했다. 그 대가로 아라파트는 이스라엘에 많은 것을 양보했고, 이스라엘은 아라파트가 자기 대신 팔레스타인인들을 통제해 주기를 바랐다. 그러나 이스라엘은 여전히 수많은 도로·천연자원·영토를 통제할 권리를 부여받았다. 또, 평화협정 체결 후 2000년까지 점령지에 진출한 이스라엘 정착민들의 수는 두 배나 늘었다.

팔레스타인 지역은 과거 남아프리카공화국의 반투스탄[과거 남아프리카공화국 영토에 있던 아프리카인 자치구]과 닮았다. 말로는 남 아프리카공화국의 아파르트헤이트 체제 내에 존재하는 흑인 자 치 국가지만 실제로는 인종차별적 남아프리카공화국 정부의 통 제를 받았다.

'평화 프로세스'는 팔레스타인인들의 삶을 조금도 나아지 게 하지 않았다. 오히려 위선적 평화 프로세스에 대한 분노로 2000년 9월 2차 인티파다가 폭발했다.

2005년 이스라엘은 가자 지구에서 정착민들과 병사들을 철 수시켰지만, 가자의 영공·영해·국경에 대한 통제권은 여전히 이 스라엘의 손에 남았다. 이스라엘은 2006년 팔레스타인 총선에 서 당선한 하마스를 표적으로 삼아 팔레스타인 저항을 파괴하 려 시도해 왔다.

하마스는 테러리스트 조직인가?

이스라엘군이 가자 지구를 공격했을 때, 미국은 "지금 가자에 서 벌어지고 있는 일은 하마스 때문"이라고 했다. 미국은 하마스에 '이슬람주의 테러리스트' 딱지를 붙이고 싶어 한다. 사실 미국은 미국 제국주의에 반대하는 모든 세력들에게 이 딱지를 붙이고 싶어 한다.

하마스는 이스라엘의 엄혹한 군사 통치 아래 수십 년간 지속된 팔레스타인인들의 끔찍한 현실 속에서 등장했다. 하마스는 미국이 지원한 '평화 프로세스'에 반대했고, 1993년 오슬로 협정이 팔레스타인 민중의 삶에 아무 도움이 되지 않을 것이라 경고했다.

당시 파타는 가장 유력한 팔레스타인 저항 단체였다. 그러나 파타의 지도자들은 평화 프로세스의 대가로 저항을 포기했다. 하마스는 파타가 곧 덫에 걸릴 것이라 경고했다. 팔레스타인인 압도 다수에게 '평화 프로세스'가 사기라는 것이 곧 명백해졌다. 이스라엘은 계속 팔레스타인인들의 삶을 유린했고 요르단강 서안에 유대인 정착촌을 늘려 갔다.

하마스의 인기가 올라갔고, 하마스는 2000년에 폭발한 2차 인티파다의 중심에 섰다. 2006년 1월 총선에서 하마스는 제1당이 됐다.

그러나 서방은 팔레스타인 총선 결과를 인정하지 않았다. 하마스 지도자들과 의원들은 연행되거나 암살당했다. 하마스 지지자들은 감옥에 내동댕이쳐졌다. 미국과 영국 등 서방은 이스라엘의 가자 봉쇄를 지원했다.

그러나 이 전략은 역풍을 맞았다. 2007년 6월, 하마스가 이 끈 민중 투쟁으로 이집트 정보기관과 파타가 조직한 쿠데타가 실패했다. 쿠데타 세력이 축출 당하자, 이스라엘은 하마스를 분쇄하고 하마스를 뽑은 팔레스타인인들을 벌하기 위해 군사력을 사용하기로 마음먹었다. 그러나 하마스는 여전히 팔레스타인의 합법 정부이며 저항의 전통을 잇고 있다.

왜 아랍 민중이 나서야 하나?

중동의 모든 문제는 결국 제국주의의 문제다. 제국주의가 과거 이스라엘을 건국했고, 오늘날 이스라엘을 돕고 있다. 중동에서 제국주의의 주요 이익은 수에즈 운하에서 석유 자원으로 바뀌었지만 세계 제국주의 열강들은 여전히 중동을 "세계 역사상 최고의 선물"(1945년 미국 국무부의 표현)로 여기고 있다. 제국주의는 "절대로 침몰하지 않는 항공모함"으로서 이스라엘을 필요로 한다. 아랍 친미 독재 정권들은 대중 항쟁으로 전복될 위험에 노출돼 있기 때문이다.

평범한 아랍인들은 친서방 지배자들이 중동의 석유 자원을 탕진하는 것에 분노하고 있다. 또, 토지, 일자리, 빈곤, 배고픔 때문에 분노하고 있다. 모든 아랍 수도에서 비슷한 구호를 들을 수 있다.

대다수 아랍 정권들은 제국주의에 의존해 생존한다. 그들은 팔레스타인 문제에 대한 대중적 분노가 1950~1960년대처럼 중동의 부패 정권들을 무너뜨릴 대중 항쟁으로 발전할까 봐 두려워한다.

오늘날 이집트의 대중 저항들은 제국주의와 이집트 정부 모두에 대한 분노로부터 탄생했다. 민영화에 반대하고 최저임금을 요구하는 노동자 파업들은 팔레스타인 문제에 대한 분노와 연결되고 있다. 이 분노가 더 많은 파업과 시위를 고무하고 있다. 그래서 아랍 정권들은 팔레스타인의 하마스나 레바논의 헤즈볼라 같은 저항 조직들을 두려워한다. 모든 저항은 이스라엘과 서방에 대한 도전이며, 결국 아랍 정권들에 대한 도전인 것이다.

이스라엘 국가는
성경에 근거하고 있는가?

　많은 사람들은 성경이 확고한 사실에 바탕을 두고 있다고 생
각한다. 물론 과장이 일부 포함돼 있겠지만 히브리 성경(구약성
경)은 고대 중동의 역사적 사실에 대한 기록이고 신약성경 중
마태·마가·누가·요한 복음서는 예수 전기라고 생각하는 것이
다. 그러나 이 문제는 단순히 역사적 사실에 대한 확인 이상의
의미가 있다. 특히 기독교와 유대교 공통의 경전인 히브리 성경
은 현대 이스라엘 국가의 존재를 뒷받침하는 근거가 되고 있기
때문이다.

출처: 강동훈, 〈다함께〉 26호(2004. 12. 22).
이 글은 이스라엘 핑컬스타인, 《성경: 고고학인가 전설인가?》, 까치, 2002를 많
이 참고해서 썼다.

이스라엘의 초대 총리였던 벤 구리온은 성경에 기록된 다윗과 솔로몬 제국의 묘사를 근거로, 남부 레바논과 남부 시리아, 요르단 일대, 그리고 시나이 반도까지 이스라엘에 포함돼야 한다고 주장했다. 물론 지금부터 3000년 전에 자신들의 조상이 지배했던 영역을 근거로 현대 국가의 국경을 정해야 한다는 주장 자체가 매우 황당한 것이다. 그러나 현대 이스라엘 국가의 출발이 바로 이런 근거에 기초를 두고 있다. 신학적 동기에서 촉발된 서양의 성서 연구는 정치적 동기에서 촉발된 현대 이스라엘 국가의 고대사 연구와 잘 결합되며 또한 그로 인해 강화돼 왔던 것이다.

성경 이야기는 에덴 동산에서 시작해 노아의 홍수 이야기를 거쳐서 마침내 한 가족, 즉 아브라함 가문의 운명에 초점을 맞추게 된다. 아브라함은 한 위대한 민족의 시조가 되도록 하나님의 선택을 받았으며, 그의 아들 이삭과 손자 야곱을 거쳐 이스라엘의 12부족이 생기게 됐다는 것이다.

학자들은 성경의 기록을 근거로 이 족장 시대가 기원전 2100년경이라고 추정해 왔다. 그러나 오늘날의 고고학적 증거들은 족장 시대의 기록이 후대에 창작된 것임을 보여 준다.

우선 족장 시대 이야기에서 되풀이해 등장하는 낙타는 기원전 1000년이 훨씬 지나서야 짐 운반용으로 사용되기 시작했다. 또한 이삭이 블레셋 왕 아비멜렉을 그랄이라는 도시에서 만나는데(창세기 26:1), 블레셋인들은 기원전 1200년이 지나서야 팔레스타인 지방에 나타났고 그랄로 추정되는 곳은 기원전 7세기 이전에는 작은 마을에 불과했다. 그 외에도 많은 지명들이 후대의 정보에 근거하지 않고서는 나올 수 없는 곳들이다.

족장들의 이야기가 신화적 민담들과 결정적으로 다른 점은 그 시대의 도시들과 이웃 민족들과 유명한 지명에 관한 기록들이라는 것이었다. 그런데 고고학적 증거에 따르면 그런 구체적 지명들이 사실이 아니며, 족장 시대를 묘사하는 유목 생활이나 메소포타미아 지역의 풍속 등은 너무 일반적이어서 고대 중동 역사의 거의 모든 시대에 적용될 수 있다. 그래서 족장 이야기들은 역사적 근거가 없는 민족 신화로 간주돼야 한다. 현대의 백과사전들에서도 이스라엘의 역사는 족장 시대 이후부터 기술돼 있다.

모세의 지도 아래 이스라엘인들이 대거 이집트를 탈출한 이야기는 성경 역사의 중심을 이루며 여러 세기 동안 전해져 내려왔다. 전통적 학설은 이스라엘인들의 이집트 탈출이 힉소스족의 이주라는 역사적 사실과 잘 부합한다고 주장했다. 힉소스족은 가나안 출신의 셈족으로 점진적으로 이집트에 이주해 대략 기원전 1670년부터 1570년까지 이집트를 지배했고 결국 추방됐다. 그러나 성경은 솔로몬 재위 4년째가 이집트 탈출 480년이 되는 해라고 밝히고 있는데(열왕기 상 6:1), 이것은 대략 기원전

1440년으로 힉소스 추방(기원전 1570년경)보다 무려 100년 이상 후대다.

또, 성경은 분명 이스라엘 백성의 노동력을 강제로 동원해 만든 도시를 "라암셋"이라고 언급하고 있다(출애굽기 1:11). 그런데 람세스라는 이름을 가진 파라오가 처음으로 왕위에 오른 것은 기원전 1320년이다.

대다수 학자들은 람세스라는 이름에 관한 성경의 언급을 정확한 역사적 사실로 여겨, 기원전 1279년부터 1213년까지 이집트를 지배한 람세스 2세 시대를 이집트 탈출의 시기로 생각했다(영화 〈십계〉도 그렇게 설정하고 있다).

그러나 람세스 2세 시대에 이집트는 세계를 호령하는 패권 국가였다. 이집트는 가나안을 확고하게 장악하고 있었으며 가나안 곳곳에 요새를 설치하고 정부 관리들을 파견해 행정 문제를 처리했다. 이런 요새들은 이집트 군대가 대규모 원정을 나갈 때 전초기지 구실을 했으며 각 요새는 주변 이방인들의 동태를 매우 자세하게 감시해 보고하고 있다.

그런데 기원전 13세기에 기록된 수많은 이집트 문서 자료에는 이스라엘인들에 대한 언급이나 단서가 단 한 개도 발견되지 않는다.

또한, 성경 기록에 의하면 이스라엘인들이 요르단고원으로 이동할 때, 이미 국가를 이루고 있던 에돔인들과 암몬인들의 저지를 받는 것으로 나온다. 그러나 이 지역은 당시에 농경인구가 정착해 있지도 않았고 기원전 7세기에야 비로소 국가를 세울 수 있었다. 이 외에도 이스라엘인들이 유랑하면서 거쳤다는 많은 지리 사항은 일관되게 기원전 7세기의 상황과 일치한다.

성경의 여호수아서는 강력한 가나안의 여러 왕이 전투에서 패배하고 이스라엘 부족들이 땅을 차지하는 전격적인 정복 작전을 묘사하고 있다. 특히 성벽 둘레를 엄숙하게 행진하다가 7일째에 요란하게 전투 나팔을 불자 무너져 내렸다는 여리고 성벽 붕괴 이야기와 기브온에서 멈춰 선 태양 이야기 등은 유명하다.

고고학적 증거들은 성경의 기록을 뒷받침해 주는 것처럼 보였다. 20세기 초에 여러 학자들이 가나안 지역의 불타고 파괴된 도시를 발굴해 냈다. 성경에 기록된 벧엘·라기스·하솔과 그 밖의 여러 도시들은 기원전 13세기 말쯤에 파괴된 것이다. 그러나 그 시기에도 이집트는 여전히 가나안 지역을 장악하고 있었다. 가나안에 작은 도시들이 있었지만 이들은 이집트의 속국이었고 가나안의 대다수 도시들은 (특히 여리고) 성벽 등의 방어 시설이 없었다.

이집트를 빠져나온 한 무리의 피난민들이 가나안 전 지역을 파괴하는 동안 이집트군이 수수방관하고 있었을 리 만무하며 이집트 제국의 방대한 기록에 하나도 남지 않았다는 것도 생각할 수 없다. 성경도 가나안인들만 언급할 뿐, 당시 가나안 지역에 있었을 이집트인들은 전혀 언급하고 있지 않다.

게다가 기원전 13세기 말부터 약 1세기 정도 계속된 가나안 지역 도시들의 파괴는 중동의 대규모 파괴와 관계 있다. 고고학자들은 이것이 "바다 종족"이라고 불리는 정체불명의 집단이 대규모로 침입했기 때문임을 알게 됐다. "바다 종족"이 누구였는지는 계속 논란이 되고 있지만 이들이 생활 기반을 잃고 새로운 정착지를 찾아 이동하고 있었던 것은 분명한 듯하다. 그리고이들이 이집트에서 탈출한 이스라엘인은 분명 아니었다.

방랑을 끝낸 이스라엘들은 결국 왕국을 세우게 된다. 최근까지 많은 학자들은 다윗과 솔로몬의 통일 왕국이 역사적 사실이라고 믿었다. 특히 1993년 텔단에서 발견된 돌기둥에서 '다윗왕조'(혹은 '다윗의 집')라고 적힌 비문이 발견되면서 성경의 기록이 옳음을 입증하는 것으로 여겼다.

학자들은 청동기시대에서 철기시대로 넘어가던 때에 이집트와 메소포타미아의 영향력이 약해진 틈을 타 다윗이 제국을 건설할 수 있었다고 생각했다. 그러나 다윗과 솔로몬은 현재까지남아 있는 이집트나 메소포타미아 문서 기록에 단 한 차례도 언급되지 않았다.

또한 솔로몬이 대규모 건축 사업을 벌였다는 시대인 기원전 10세기경의 유물들은 당시 예루살렘이 조그만 산간 농촌 마을 수준을 넘지 않았음을 보여 준다. 최근의 증거들을 토대로 설명할 수 있는 것은 다윗과 솔로몬의 '통일 왕국'이라는 개념이 후대의 유다 왕국에서 비롯한 것이라고 보는 것이다.

거대 제국들의 권력 공백을 틈타 좀 더 부유한 지역인 북쪽에서 이스라엘 왕국이 생겼다(북쪽의 이스라엘 왕국은 성경에서 비난의 대상이다). 이들은 기원전 9세기경까지 팔레스타인 지역에서 강자로 군림할 수 있었다. 그러나 이스라엘 왕국은 아시리아 제국에 맞서다가 결국 기원전 720년에 멸망했고 사람들은 포로로 끌려가 흩어지게 됐다.

이 시기에 많은 사람들이 좀 더 척박하고 고립된 남부 지방으로 이주했고, 이때부터 유다 왕국이 갑자기 번성했다. 인구는 급증해 유다 왕국의 수도였던 예루살렘의 인구는 대략 1만 5000명까지 증가했다. 예루살렘은 그전에 이보다 더 큰 규모로 발전한 적이 없었다.

유다 왕국은 이전 이스라엘 왕국의 영토까지 자신들이 차지해야 한다고 생각하기 시작했고, 새로 유입된 자들을 왕국에 통합할 필요성을 느꼈다. 그래서 다윗과 솔로몬의 '통일 왕국'이라는 개념을 만들어 내게 된 것이다. 그 왕국은 기원전 586년에 (신)바빌로니아에 의해 무너졌지만 그들의 종교는 사라지지 않았고 사람들은 이전 기록들에 신학적 설명을 추가했다.

족장 시대, 이집트 탈출, 가나안 정복과 다윗 제국이라는 히브리 성경의 주요 내용은 모두 역사적 사실이 아니다. 성경 문서들은 기원전 7세기에 왕국의 정통성을 주장하고자 하는 동기에서 집필되기 시작했다. 따라서 곳곳에 기원전 7세기의 흔적을 남겼다. 물론 성경 집필 시기를 더 늦춰 잡아야 한다는 주장도 상당히 신빙성이 있다. 성서학자 렘체는 '범 이스라엘'사 집필은 바빌로니아 포로기보다 빠를 수 없다고 결론짓는다.

현대 이스라엘 국가는 "약속의 땅"이라는 빈약한 이데올로기적 근거 위에 세워졌다. 그러나 고고학적 증거는 "약속의 땅"이 한낱 신화일 뿐임을 밝히면서 이스라엘 국가의 정당성을 허물어뜨리고 있다.